湖南大众传媒职业技术学院

国家骨干高职院校建设项目成果

播音艺术

主　编：李　凌

副主编：熊晓卫　伏奕帆

编　委：（按编写模块顺序排列）

牛学庆　伏奕帆　陈　静　林　谦

张　倩　高　放

世界图书出版公司

广州·上海·西安·北京

图书在版编目(CIP)数据

播音艺术 / 李凌主编. —广州：世界图书出版广东有限公司, 2012.10
ISBN 978-7-5100-5366-5

Ⅰ. ①播… Ⅱ. ①李… Ⅲ. ①播音–语言艺术 Ⅳ. ①G222.2

中国版本图书馆 CIP 数据核字(2012)第 236926 号

播音艺术

策划编辑 李 梦
责任编辑 李 素 侯 婧
封面设计 兰文婷
出版发行 世界图书出版广东有限公司
地 址 广州市新港西路大江冲 25 号
电 话 020-84459702
印 刷 虎彩印艺股份有限公司
规 格 787mm×1092mm 1/16
印 张 12
字 数 150 千字
版 次 2013年4月第1版 2013年12月第2次印刷
ISBN 978-7-5100-5366-5/G·1207
定 价 45.00 元

目 录

模块三　新闻专稿播音

模块一

新闻播报

任务1　时政新闻播报的备稿

【课前热身】

一、认真了解下列新闻《“湖南精神”征集提炼活动进入“四选一”》，做口头复述。

二、注意记住其中的时间、数据、名称、用词等主要内容。

三、尽量完整反映原文信息，复述准确、流畅。时长2分钟。

“湖南精神”征集提炼活动进入“四选一”

今天上午，“湖南精神”征集提炼活动领导小组召开第三次新闻发布会，决定从即日起至4月8日开展公众“四选一”活动。

“湖南精神”征集提炼活动自“十选一”活动截止后，活动办会同专家组对统计数据进行了深入分析和研究，并对社会各界人士提出的意见和建议进行了认真梳理和吸纳。对排位靠前、内涵相近的表述语再次进行整合与打磨，从中提炼出了四条“湖南精神”表述语。

这四条“湖南精神”候选表述语为：

心忧天下 厚德致远 脚踏实地 敢为人先；

赤诚 坚韧 务实 创新；

爱国奉献 尚德重智 勤劳务实 创新图强；

重大义 勇担当 敢争先 乐奉献。

观众可以通过语音电话、手机短信、网络三种方式进行“四选一”投票。

（2012年3月21日湖南卫视《湖南新闻联播》）

【学习目标】

一、了解时政新闻的含义。

二、掌握时政新闻播报的特征及备稿方法。

三、运用时政新闻播报的备稿方法，对一组时政新闻进行播报前的准备。

【情境导入】

某电视台招聘新闻节目主持人，要求应聘者做自我介绍并播报一条时政新闻。

李佳芮抽中了一条“两会”消息，但播报时语言生疏、断句不当、语气平淡、缺乏热情。而刘雅利播报同一条消息时对稿件的理解把握准确，播报稿件准确流利、情绪饱满，令评委耳目一新，被聘任为该台新闻主播。

什么是时政新闻？播报时政新闻的语言有什么特征？播报时政新闻应该做哪些准备？

【重点解析】

一、时政新闻的定义和新闻范畴

时政新闻是指对新近和正在发生的关于国内外时事、政治的报道。

时政的范畴涉及国家、政党的最新方针、政策，国内民主政治以及国际政治、国际关系等，它可以细分为会见、外交、会议、领导活动、宣传、公告以及国内外新闻事件等。

新闻传播是广播、电视等媒体的重要职能，时政新闻又是首当其冲。以下报道时政消息的新闻节目值得关注：中央人民广播电台的经典新闻节目《新闻和报纸摘要》、《全国新闻联播》；央视的《新闻联播》、《新闻 30 分》、《新闻直播间》、《朝闻天下》、《环球时讯》、《今日亚洲》；凤凰卫视的《凤凰早班车》、《时事直通车》；东方卫视的《看东方》等。

二、时政新闻播报的语言特征

新闻播报语言的总体特征是：朴实无华、准确清晰、简洁明快、平稳顺畅。

在新闻播报语言的总体要求基础上，时政新闻播报庄重、严谨，语言要求更规范，字正腔圆、语句规整、语意集中，让受众感受到新闻发布的真实可信。

三、时政新闻播报的备稿

新闻是严谨的，新闻工作者也必须严谨，尤其是负责最后一道关卡的播音员，则要严之又严。每次播音前，备稿是一项十分重要的工作，只有充分备稿，才能做到心中有数，高质量地完成播音工作。所以一定要勤加练习，做到脑勤、眼快、心灵，提高备稿速度和准确率，将新闻更好、更准确、更迅速地传达给受众。

在广义上，时政新闻播报对主持人的素质要求是：关心国内外时事政治，了解党和国家的政策方针，关注国内外重大事件，有较强的分析新闻和正确把握舆论导向的能力；庄重严肃、热情大方的形象；严谨高超的播报功力。

针对具体一条新闻稿件，在播报前要认真、投入地备稿。稿件中人名、地名等出现生僻字、多音字的情况是很常见的。拿不准的字和音一定要查清楚，决不能有侥幸心理，蒙混过关，有时一字之差便会造成播出事故。央视《新闻联播》节目中，如果因主持人口误造成无法挽回的错误，主持人当天播完新闻，第二天就得下岗。为了避免播报新闻时有不会念的生僻字，主播们的《新华字典》几乎从不离身。

在备稿时还必须做到，无论稿件长短，都要理清这篇稿件内容的层次，并在头脑中清晰地概括出本篇稿件的主题；要对这条新闻的新闻背景进行联系、分析，因为凡事都不是孤立、割裂的，简单、不动脑筋的播报会显示出播报者的浅薄和无知，也不会体现任何播报目的。

只有经过这些思考和准备，才会在心中明确播报目的并确定语言、语气的情感基调，达到良好的播报效果。

【课堂训练】

◇例稿 1.1

习近平会见俄罗斯客人

中共中央总书记习近平 19 日在中南海会见最高委员会主席格雷兹洛夫率领的俄罗斯统一俄罗斯党代表团，祝贺中俄执政党对话机制第三次会议取得成功。

习近平强调，新一届中共中央领导集体坚持对俄友好的方针不会改变，对优先发展中俄关系的战略定位不会改变，中国视俄罗斯为最重要的战略协作伙伴，愿与俄方共同维护好、发展好两国全面战略协作伙伴关系，也希望两党交流合作不断向前发展。

（2012 年 12 月 20 日央视《新闻联播》）

◇例稿 1.2

中国海监完成钓鱼岛附近海域维权巡航

中国海监巡航编队在完成对钓鱼岛及其附属岛屿附近海域的维权巡航执法任务后，转向东北东海油气田附近海域巡航。

本次巡航，中国海监巡航编队排除了日方船只和飞机的干扰、阻挠，宣示了我国政府对钓鱼岛及其附属岛屿的主权和管辖权。开展管辖海域定期维权巡航执法任务，是中国海监长期的、常态化、重要的工作职责，中国海监将一如既往地维护国家主权、捍卫国家海洋权益。

（2012 年 3 月 17 日央视《新闻联播》）

训练提示：钓鱼岛自古以来就是中国的固有领土，而日本近来在钓鱼岛问题上却动作频频。播好这条新闻，一定要明确中国对钓鱼岛及其附属岛屿附近海域的维权巡航执法是正当合法、不容干涉的。态度应该旗帜鲜明、理直气壮。

◇例稿 1.3

梁振英当选香港特区第四任行政长官

香港特别行政区第四任行政长官选举结果25日揭晓。现年57岁的梁振英获得689张有效票，当选为香港特区第四任行政长官。

选举投票于当日上午9时至11时举行。主投票站及中央点票站设于香港会展中心。行政长官选举委员会近1200位委员以无记名方式，就梁振英、何俊仁和唐英年三名合资格候选人进行投票。据香港特区选举管理委员会不久前公布，候选人取得超过600张有效票即胜出。

（新华社香港2012年3月25日电）

◇例稿 1.4

加拿大总理写信给长沙百岁老人贺寿

8月14日，在长沙三湘小区颜腾芳老人的100岁大寿之日，老人收到了一封加拿大总理哈珀写给老人的祝寿信。

老人年轻时送独生女儿求学，1953年女儿不负众望考入天津大学。如今老人四代同堂，外孙、外孙女三人都在加拿大获得博士学位，加上外孙女婿和外孙媳妇，全家总共有5个博士。她们在加拿大教育、科技、文化等领域均有建树。

在老人100岁大寿之际，在加拿大的外孙子女给加拿大总理写信，介绍老人丰富的人生、美德和后代对她的爱戴与尊崇，加拿大总理见信后随即给老人发来了贺信。

中国驻多伦多总领事馆也给老人送来贺卡贺礼，赞许老人教育有方。

（2012年8月15日湖南卫视《湖南新闻联播》）

◇例稿 1.5

第30届夏季奥运会在伦敦开幕

英国当地时间27日晚上9点，北京时间今天凌晨4点，2012年第30届夏季奥运会在伦敦盛大开幕。

随着孩子们手中象征倒计时的气球逐一炸开，奥林匹克钟也随之敲响，以“奇迹之岛”为主题的2012年伦敦奥运会开幕式也就此拉开序幕。文艺表演后，来自204个国家和地区的一万多名体育健儿先后入场。

中国代表团在旗手易建联的带领下在第42位出场。代表团由621人组成，其中运动员396名，他们将参加除足球、手球和马术之外的23个大项和212个小项的比赛。

（2012年7月28日央视《新闻联播》）

【任务拓展】

一、根据以下标题，编排内容提要。（来源：2012 年 12 月 11 日央视《新闻联播》）

1. 李克强会见美国前总统
2. 台湾民主自治同盟第九次全盟代表大会在京开幕 王岐山代表中共中央致贺词
3. 习近平在广东考察
4. 中国作家莫言领取诺贝尔文学奖
5. 王岐山会见美国财政部副部长

（提示：中国共产党第十八届中央政治局常委排序是：习近平 李克强 张德江 俞正声 刘云山 王岐山 张高丽）

二、下载央视《新闻联播》或湖南卫视等媒体的新闻节目中的时政新闻视频，自己为每条新闻配音，不少于 5 条，制作成一期完整的时政新闻播报视频节目成品。

【思考测验】

一、在广播电视新闻节目中，哪些属于时政新闻？

二、怎样进行时政新闻播报的备稿？

【评价方法】

考核表

考核模块	考核内容	考核方式	考　核　点	分值	评　分　标　准 优 90～100分	 良 75～89分	 及格 60～74分	 不及格 0～59分
（一）知识与技能目标	1. 对所学时政新闻播报前的备稿理论知识进行回顾、总结。	理论测验	1. 准确说出时政新闻的定义，时政新闻播报的语言特点、备稿方法。	10				
	2. 对例稿《习近平会见俄罗斯客人》进行模拟现场播报。	技能训练	2. 掌握时政新闻播报的语言特点； 3. 写出备稿分析笔记，基调正确，体现宣传目的； 4. 播报叙事清楚、重点突出、新鲜感强； 5. 播报热情、亲切、严谨，有交流感。	20				
	3. 为一组电视新闻片配音（3～5条时政新闻）。	作品评审	6. 能够运用时政新闻播报的特点进行播音； 7. 音、视频清晰，不少于3条新闻； 8. 播报热情、流畅； 9. 播报基调把握准确，叙事清楚，层次清晰，重点突出； 10. 语音规范，播报节奏与新闻视频协调。	50				
（二）过程与方法目标	4. 合作完成节目成品的过程表现。	综合评价	1. 能够获取、搜集、整理信息，甄选有价值信息； 2. 能够制定、实施工作计划； 3. 能够分析、发现、解决问题； 4. 具有理论知识的运用能力； 5. 能及时完成工作任务。	10				
（三）情感、态度、价值观目标	5. 出勤纪律、工作态度。 （违反第一条，10分全无）。		1. 遵守工作纪律，自我约束力强，不迟到、早退、旷课； 2. 有职业道德与社会责任感； 3. 有较强的新闻敏感性，有一定的新闻工作者人文关怀意识； 4. 语言沟通能力、组织协调能力强，能够与团队成员团结协作，共同完成工作任务； 5. 能够实事求是完成工作评价，给出合理分值。	10				
自我评分（20%　）+ 小组评分（30%）+ 教师评分（50%）/总分：								
改进建议								

任务 2　时政新闻播报的语言样式

【课前热身】

一、请几位同学各自复述一条重要时事新闻，增强大家关注国内外大事的意识。
二、复述要求新闻内容完整、准确。
三、语言规范、精练，情绪饱满。

【学习目标】

一、了解新闻播音的三种基本样式。
二、掌握时政新闻播报的常用样式：宣读式和播报式。
三、能够运用宣读式和播报式对不同时政新闻稿件进行播音。

【情境导入】

颜琳和谭骏同学同时到某电视台的新闻节目组实习，几次试镜后，谭骏同学被正式聘用，而颜琳同学一直没能上节目，最后离开了。颜琳说，谭骏什么样的新闻都能播，无论是各种消息还是公告、通知、名单、简历等等，而自己播什么都是一种方式一个腔调，后悔当时没有用功练习。

公告、通知、名单、简历该怎么播？时政新闻的播报有哪些常用播音样式？

【重点解析】

一、新闻播音的基本语言样式

新闻播音的基本语言样式有三种，分别是宣读式、播报式和谈话式。

二、宣读式

在播音时体现郑重宣告的效果，常用于政令、公告、通告、讣告、命令、通缉令、通知、名单、简历、法律法规条文、电文等。鉴于其严肃性，播出时不能随意改动，需一字不差原文播出。

另外，宣读式播音也使用于大型会议、集会、宣传车的通告、名单、法律法规条文宣读等。

宣读式播音时，播音员代表媒体和政府发声，既要体现发布新闻的新鲜感，又要体现出发布重要新闻的严肃性、庄重性。这种语言样式，语言规整性要求高、口腔控制力度大、气息控制沉稳、语速相对平缓。因此，宣读式播音是播音员、主持人应具备的语言功力。

另外，根据宣读内容的不同，如贺电和讣告、命令和简历等等，由于感情基调不同，播音时需要准确理解、正确表达。

三、播报式

播报式是新闻播音的常用语言样式。"规整自如"是这种样式的基本特色，要求播音时做到既热情、准确、简洁，又流畅自如。

【课堂训练】

一、宣读式训练材料

◇例稿 1.6

中国共产党第十八届中央委员会第一次全体会议公报

央视网消息(《新闻联播》)：中国共产党第十八届中央委员会第一次全体会议，于2012年11月15日在北京举行。现在全文播送中国共产党第十八届中央委员会第一次全体会议公报。公报已于2012年11月15日由中国共产党第十八届中央委员会第一次全体会议通过。

中国共产党第十八届中央委员会第一次全体会议公报，2012年11月15日中国共产党第十八届中央委员会第一次全体会议通过。中国共产党第十八届中央委员会第一次全体会议，于2012年11月15日在北京举行。

出席会议的有中央委员205人，候补中央委员171人。中央纪律检查委员会委员列席会议。

习近平同志主持会议并作了重要讲话。

全会选举了中央政治局委员、中央政治局常务委员会委员、中央委员会总书记；根据中央政治局常务委员会的提名，通过了中央书记处成员，决定了中央军事委员会组成人员；批准了十八届中央纪律检查委员会第一次全体会议选举产生的书记、副书记和常务委员会委员人选。名单如下：

一、中央政治局委员(按姓氏笔画为序)

习近平　马凯　王岐山　王沪宁　刘云山　刘延东(女)　刘奇葆　许其亮
孙春兰(女)　孙政才　李克强　李建国　李源潮　汪洋　张春贤　张高丽
张德江　范长龙　孟建柱　赵乐际　胡春华　俞正声　栗战书　郭金龙　韩正

二、中央政治局常务委员会委员

习近平　李克强　张德江　俞正声　刘云山　王岐山　张高丽

三、中央委员会总书记

习近平

四、中央书记处书记

刘云山　刘奇葆　赵乐际　栗战书　杜青林　赵洪祝　杨晶(蒙古族)

五、中央军事委员会主席、副主席、委员

主　席：习近平

副主席：范长龙　许其亮

委　员：常万全　房峰辉　张阳　赵克石　张又侠　吴胜利　马晓天　魏凤和

六、中央纪律检查委员会书记、副书记、常务委员会委员

书　记：王岐山

副书记：赵洪祝　黄树贤　李玉赋　杜金才　吴玉良　张军　陈文清　王伟

常务委员会委员(按姓氏笔画为序)：

王伟　王岐山　刘滨　江必新　杜金才　李玉赋　吴玉良　邱学强　张军

张纪南　陈文清　周福启　赵洪祝　侯凯　俞贵麟　姚增科　黄树贤

黄晓薇(女)　崔少鹏

(2012 年 11 月 15 日央视《新闻联播》)

训练提示：宣读新当选的国家领导人名单，语气应庄重严肃。播音要求字正腔圆、语速稍缓，节奏一致，但要体现新闻的新鲜感，同时要注意人名的轻重格式要求。

◇例稿 1.7

中共中央、国务院、中央军委对天宫一号与神舟九号载人交会对接成功的贺电

总装备部、工业和信息化部、国家国防科技工业局、中国科学院、中国航天科技集团公司、中国航天科工集团公司、中国电子科技集团公司并参加天宫一号与神舟九号载人交会对接任务的全体同志：

欣悉天宫一号与神舟九号载人交会对接任务取得圆满成功，中共中央、国务院、中央军委特向胜利完成这次任务的航天员，向所有参加这次任务的科技工作者、干部职工和解放军指战员，表示热烈祝贺和亲切慰问！

天宫一号与神舟九号载人交会对接任务的圆满成功，实现了我国空间交会对接技术的又一重大突破，标志着我国载人航天工程第二步战略目标取得了具有决定性意义的重要进展。这是建设创新型国家取得的新成就，是中国人民在攀登世界科技高峰征程上铸就的新辉煌，是中华民族为人类探索利用外层空间作出的又一卓越贡献，对于增强我国综合国力、振奋民族精神，鼓舞和激励全国人民奋力夺取全面建

设小康社会新胜利，不断开创中国特色社会主义事业新局面，具有重大而深远的意义。全体航天人建立的丰功伟绩将彪炳史册，祖国和人民永远不会忘记！

科技进步永无止境，太空探索任重道远。希望你们紧密团结在以胡锦涛同志为总书记的党中央周围，高举中国特色社会主义伟大旗帜，以邓小平理论和“三个代表”重要思想为指导，深入贯彻落实科学发展观，大力弘扬“两弹一星”精神和载人航天精神，自强不息、团结拼搏，开拓创新、扎实工作，努力推进我国航天事业跨越发展，以优异成绩迎接党的十八大胜利召开，为实现中华民族伟大复兴作出新的更大贡献！

中共中央 国务院 中央军委
2012 年 6 月 29 日

◇例稿 1.8

告全党全军全国各族人民书（节选）

中国共产党中央委员会、中华人民共和国全国人民代表大会常务委员会、中华人民共和国国务院、中国人民政治协商会议全国委员会、中国共产党和中华人民共和国中央军事委员会，极其悲痛地向全党全军全国各族人民通告：我们敬爱的邓小平同志患帕金森病晚期，并发肺部感染，因呼吸循环功能衰竭，抢救无效，于一九九七年二月十九日二十一时零八分在北京逝世，享年九十三岁。

邓小平同志是我党我军我国各族人民公认的享有崇高威望的卓越领导人，伟大的马克思主义者，伟大的无产阶级革命家、政治家、军事家、外交家，久经考验的共产主义战士，我国社会主义改革开放和现代化建设的总设计师，建设有中国特色社会主义理论的创立者。

邓小平同志的逝世，对我党我军我国各族人民是不可估量的损失，定将在我国人民心中引起极大的悲痛。中央号召全党全军全国各族人民，化悲痛为力量，继承邓小平同志的遗志，以更加努力地做好各方面工作的实际行动，来表达我们的悼念。

我们一定要努力学习邓小平建设有中国特色社会主义理论，学习邓小平同志的革命风格，学习他运用马克思主义立场、观点和方法研究新情况、解决新问题的科学态度和创造精神，为把我国建设成为富强、民主、文明的社会主义现代化国家而奋斗。

邓小平同志永垂不朽！

（新华社北京 1997 年 2 月 19 日电）

训练提示：讣告的播音要求声音低沉、语速较慢，特别是这篇讣告的宣读，播音员本人一定要沉浸在深深的悲痛中。

二、播报式训练材料

◇例稿 1.9

庆祝香港回归祖国 15 周年大会隆重举行

庆祝香港回归祖国 15 周年大会暨香港特别行政区第四届政府就职典礼 7 月 1 日上午在香港会展中心隆重举行，中共中央总书记、国家主席、中央军委主席胡锦涛出席并发表重要讲话。

香港会展中心会场华灯齐放、百花竞艳。主席台上，中华人民共和国国旗和香港特别行政区区旗格外醒目，气氛庄重而热烈。

9 时许，庆祝大会暨就职典礼开始。胡锦涛走上主席台监誓。梁振英首先宣誓就职，他面对中华人民共和国国旗和香港特别行政区区旗，举起右手庄严宣誓。

在热烈的掌声中，胡锦涛发表了重要讲话。他代表中央政府和全国各族人民，向全体香港市民致以诚挚问候，向刚刚宣誓就职的香港特别行政区第四任行政长官梁振英先生和第四届政府主要官员、行政会议成员表示热烈祝贺，向所有关心香港、为香港顺利回归并保持繁荣稳定作出贡献的海内外同胞和国际友人表示衷心感谢。

胡锦涛也向香港特别行政区新一届政府和社会各界提出了希望。

（2012 年 7 月 1 日央视《新闻联播》）

◇例稿 1.10

"神九"任务代表团抵港访问

天宫一号与神舟九号载人交会对接任务代表团 10 号中午抵达香港，开始为期四天的访问。代表团成员包括圆满完成天宫一号与神舟九号首次载人交会对接任务的航天员乘组景海鹏、刘旺、刘洋等 40 余人。

天宫一号与神舟九号载人交会对接任务代表团一行应行政长官梁振英的邀请，于 8 月 10 日至 13 日访港。访港期间，代表团将与香港大、中、小学生和妇女界代表会面交流，出席在香港会议展览中心举行的"全港欢迎神舟九号载人航天代表团大汇演"，并为"中国首次载人交会对接航天展"揭幕。

（2012 年 8 月 10 日央视《新闻联播》）

【任务拓展】

一、选择例稿，运用宣读式播音录制公告、贺电、通知等稿件各一条。

二、自主编选一组时政新闻稿件，播音、制作成一档电台新闻节目。要求状态积极，播报准确、清晰、流畅。时长 5 分钟。

【思考测验】

一、宣读式、播报式分别适用于什么样的稿件?

二、宣读式、播报式播音的目的和效果有何不同?

【评价方法】

考核表

<table>
<tr><th rowspan="2">考核模块</th><th rowspan="2">考核内容</th><th rowspan="2">考核方式</th><th rowspan="2">考　核　点</th><th rowspan="2">分值</th><th colspan="4">评　分　标　准</th></tr>
<tr><th>优
90～100分</th><th>良
75～89分</th><th>及格
60～74分</th><th>不及格
0～59分</th></tr>
<tr><td rowspan="3">（一）知识与技能目标</td><td>1. 对所学时政新闻播报语言样式的理论知识进行回顾，总结。</td><td>理论测验</td><td>1. 准确说出时政新闻播报的常用样式及播报要求。</td><td>10</td><td></td><td></td><td></td><td></td></tr>
<tr><td>2. 对例稿《中共中央、国务院、中央军委对天宫一号与神舟九号载人交会对接成功的贺电》进行播报。</td><td>技能训练</td><td>2. 掌握宣读式播报的语言特点，播报节奏运用恰当；
3. 播报状态积极、基调正确；
4. 叙事清楚、层次分明、新鲜感强；
5. 语音规范，播报流畅。</td><td>20</td><td></td><td></td><td></td><td></td></tr>
<tr><td>3. 以小组为单位，自选稿件编辑、播音、制作一期时政新闻广播播音节目，时长5分钟。</td><td>作品评审</td><td>6. 策划、文稿、稿签齐全；
7. 节目导向正确，主题突出；
8、针对不同稿件，播音方式运用得当；
9. 主持状态积极、语音规范、播报清晰流畅；
10. 节目完整，音乐协调。</td><td>50</td><td></td><td></td><td></td><td></td></tr>
<tr><td>（二）过程与方法目标</td><td>4. 合作完成节目成品的过程表现。</td><td rowspan="2">综合评价</td><td>1. 能够获取、搜集、整理信息，甄选有价值信息；
2. 能够制定、实施工作计划；
3. 能够分析、发现、解决问题；
4. 具有理论知识的运用能力；
5. 能及时完成工作任务。</td><td>10</td><td></td><td></td><td></td><td></td></tr>
<tr><td>（三）情感、态度、价值观目标</td><td>5. 出勤纪律、工作态度。
（违反第一条，10分全无）。</td><td>1. 遵守工作纪律，自我约束力强，不迟到、早退、旷课；
2. 有职业道德与社会责任感；
3. 有较强的新闻敏感性，有一定的新闻工作者人文关怀意识；
4. 语言沟通能力、组织协调能力强，能够与团队成员团结协作，共同完成工作任务；
5. 能够实事求是完成工作评价，给出合理分值。</td><td>10</td><td></td><td></td><td></td><td></td></tr>
<tr><td colspan="9">自我评分（20%　）＋ 小组评分（30%　）＋ 教师评分（50%　）/总分：</td></tr>
<tr><td>改进建议</td><td colspan="8"></td></tr>
</table>

任务3　时政新闻播报的态度分寸

【课前热身】

一、复述一则时政要闻。
二、要求新闻内容完整准确。
三、语言规范、精练，情绪饱满。时长2分钟。

【学习目标】

一、了解播报不同时政新闻时应持有的态度、感情。
二、掌握播报时政新闻把握分寸的方法。
三、运用正确的态度分寸播报时政新闻。

【情境导入】

第一次消息播报上镜实训，同学们对节目内容、服装、化妆都做了精心的准备，跃跃欲试。刘琦同学第一个走到主播台，可几条消息播下来，她的语气、语调完全一样，显得单调死板，而且面无表情。究其原因，一是紧张，二是她认为播消息不需要感情。

你同意她的观点吗？

【重点解析】

一、新闻节目主持人对受众的态度感情

对受众要热情、尊重、情绪饱满；要睿智、高雅、明辨是非、感情丰富，把自己培养成为具有个性风格、个人魅力的主持人，才能赢得受众的信任和喜爱。央视著名主持人海霞、欧阳夏丹等都以亲切热情、睿智大方的风格给观众留下了深刻的印象。

二、新闻播报的舆论导向

世界上没有无目的的话语，有目的便会有思想、态度、感情。新闻播音的导向

即主持人在新闻播报中所表达出的思想、态度、感情。

三、新闻报道的客观性

真实性原则是新闻的生命，即尊重新闻事实、用事实说话，它同歪曲或编造事实的假新闻是相对立的。就是说我们首先必须报道真人、真事，这是赢得受众信任的基石。但如何看待事实，不同的国家、不同的人会有不同的立场、态度、观点。

张颂教授在《朗读美学》一书中说："报道，就是把已见的事实经过选择、加工形成文本传播出去。在这个过程中，不可避免的融入了报道者的主观意识、思想倾向、审美理想。事实本身没有改变，事实的意义却产生了明显的差别，有时对同一事实会有两种截然相反的态度。关键是用怎样的世界观和方法论来面对事实、认识事实、揭示事实、报道事实。新闻报道是各种媒介的权力，每一种媒介必定有每一种媒介的价值观体系，必然会有意无意地、自觉不自觉地把这种价值观体系作为新闻报道的指导思想。"

四、新闻播报时的感情态度

只有真正理解新闻内容、熟悉新闻背景、明确播出目的，才能播得态度鲜明、分寸得当，才能让节目具有感染力，真正起到鼓舞受众、引导受众的作用。

新闻播音应该是成熟充满智慧的，要播出新闻的内涵，要体现公信力。特别是在重大事件和敏感话题的新闻播报上更要分寸得当。央视著名播音员邢质斌在播《最新检测出的含有三聚氰胺乳制品企业名单》的新闻时，用非常严厉的语气进行播报，播出之后在人民群众中引起强烈反响，大快人心，受到了一致好评。

作为一名优秀的新闻主播，应该具有良好的审美情趣、正确的价值判断。要热情赞扬国家和社会发展取得的新成就、新变化，弘扬良好社会风尚，贬斥假丑恶；在自然灾害面前，要富有人道主义的同情心，在播报地区和国际新闻事件时，能够根据我国的法律、政策，很好地体现新闻播音客观、公正的态度和立场。

【课堂训练】

◇例稿 1. 11

西藏隆重纪念百万农奴解放 53 周年

今天是西藏"百万农奴解放纪念日"，西藏各地举办丰富多彩的活动，纪念百万农奴解放 53 周年。

今天上午，西藏各族各界 3000 多名干部群众来到布达拉宫广场，参加隆重的升国旗唱国歌仪式。在林芝地区和平广场上，上千名各界代表在"铭记历史、珍惜今天、开创未来"的横幅上签名。在西藏民主改革第一村——山南地区乃东县克松村，村民们跳起了欢快的锅庄舞，日喀则地区甲措雄乡的驻村干部和农牧民群众开展了热闹的藏族体育竞赛活动。

今天，西藏还举行了“各族各界群众纪念百万农奴解放53周年”座谈会。驻藏官兵多个慰问小分队走上街头、深入村寨和牧区，为藏族群众开展医疗慰问服务。

（2012年3月28日央视《新闻联播》）

训练提示：新中国成立前西藏农奴的命运是悲惨的，新中国让百万农奴翻身做了主人。要了解这段历史，才能从内心产生更加真挚的民族情感，真诚地抒发出对西藏发展的美好祝愿，这就是播报这条消息时对播音员的情感要求。

播音时要充分表达出对新中国成立后西藏发生巨大变化的喜悦之情、各族人民对西藏同胞美好祝愿的真挚情感。

◇例稿1.12

赏花灯 舞长龙 欢天喜地闹元宵

今天是元宵节，虽然各地闹元宵的习俗不尽相同，但都透着红红火火的喜气。

闹元宵，赏花灯。贵阳、辽宁盘锦、河北邯郸、内蒙古通辽的灯会上，以龙为主题的花灯最为引人注目。虽然北方地区迎来了新一轮的降温，但也让吉林四平的人们有机会欣赏到难得一见的“雪打灯”美景。

元宵节到了，福州马尾和台湾马祖互送花灯，共同举办“两马同春闹元宵”活动。这些花灯穿越海峡，寄托了两岸同胞的美好祝福。

闹元宵，观民俗。在珠海，一年一度的民间艺术大巡游拉开大幕。湖北武汉、河南鹤壁、甘肃平凉、青海西宁的传统社火表演也是各个都拿出了绝活。湖南隆回的炭花龙舞起来，令人眼花缭乱。

闹元宵，吃汤圆。在安徽黄山、江苏泰州，外国朋友和中国师傅学起了包汤圆，忙得不亦乐乎。在山西闻喜县，十里八乡的老百姓都在忙着蒸花馍。这个龙腾盛世花馍塔一共用了60袋白面。而这条长20多米的龙，光龙鳞就有六千多片。

（2012年2月6日央视《新闻联播》）

训练提示：节日是欢乐的，这条消息也为欢乐的节日增添了浓浓的喜庆。播音时要想象自己就身处在各地欢乐祥和的人群中一样，才能真挚地用欢快喜悦、热情洋溢的声音把节日欢乐喜庆的气氛、各地不同的节庆民俗传达出去。

◇例稿1.13

湖南湘西矮寨大桥正式通车

今天，世界上最长距离的跨峡谷悬索桥——湖南湘西矮寨大桥正式通车。

主跨为1176米的矮寨特大悬索桥历时四年建成，在矮寨镇上空355米处跨越德夯大峡谷，是目前世界上最大跨径的跨峡谷悬索桥。

矮寨特大悬索桥是渝湘高速的重要组成部分，它的建成通车也标志着我国8条西部公路大通道之一的渝湘高速全线贯通，长沙至重庆车程由此缩短到 8 小时左右。而以前，从长沙到重庆要翻越路况险恶、经常堵车的矮寨盘山公路，全程需要十五、六个小时。

（2012 年 3 月 31 日湖南卫视《湖南新闻联播》）

◇例稿 1.14

博鳌亚洲论坛首次齐聚五大洲政要和议题

为期三天的博鳌亚洲论坛 2013 年年会明天将开启各项议程。截至目前，已经有来自 43 个国家和地区的 1447 名嘉宾报名参会，此次论坛将首次汇聚五大洲的政要，讨论的议题也将首次覆盖五大洲。

十几个国际机构的负责人，70 多名世界五百强的 CEO、拉加德、比尔盖茨以及四位诺贝尔奖获得者，已经举办过 11 届的博鳌亚洲论坛，其巨大的影响力让重量级嘉宾纷至沓来。

由于本届博鳌亚洲论坛首次同时有五大洲的领导人共同出席，所以在密集安排的 47 场分论坛中，既有亚洲合作，也有非洲崛起、欧债危机等热点话题。

（2013 年 04 月 05 日央视《新闻联播》）

【任务拓展】

一、选择例稿，编辑、播音、制作成一档完整的时政新闻播报节目成品。

二、自选题材策划一期时政新闻播报节目，自主采访、写稿、编辑、播音、制作一期完整的时政新闻播报广播节目。时长 5 分钟。

【思考测验】

一、时政新闻播报千篇一律，不需要感情吗？

二、你认为新闻播报的舆论导向应该怎样体现呢？

【评价方法】

考核表

考核模块	考核内容	考核方式	考　核　点	分值	评　分　标　准			
					优 90～100分	良 75～89分	及格 60～74分	不及格 0～59分
（一）知识与技能目标	1. 对所学时政新闻播报的态度分寸理论知识进行回顾，总结。	理论测验	1. 准确说出如何把握时政新闻播报的态度分寸。	10				
	2. 对《西藏隆重纪念百万农奴解放53周年》例稿进行播报。	技能训练	2. 掌握时政新闻播报的态度分寸要求； 3. 播报状态积极，字正腔圆，有感染力； 4. 感情、态度鲜明，分寸把握得当； 5. 叙事清楚、新鲜感强。	20				
	3. 以小组为单位，策划一期时政新闻广播播音节目，并采访、撰稿、编辑、播音、制作成完整的播音节目成品，时长5分钟。	作品评审	6. 策划、文稿、稿签齐全； 7. 播报状态积极，基调正确； 8. 不同稿件播报时态度分寸把握得当； 9. 语音规范、播报流畅； 10. 节目编排合理、制作精良。	50				
（二）过程与方法目标	4. 合作完成节目成品的过程表现。	综合评价	1. 能够获取、搜集、整理信息，甄选有价值信息； 2. 能够制定、实施工作计划； 3. 能够分析、发现、解决问题； 4. 具有理论知识的运用能力； 5. 能及时完成工作任务。	10				
（三）情感、态度、价值观目标	5. 出勤纪律、工作态度。 （违反第一条，10分全无）。		1. 遵守工作纪律，自我约束力强，不迟到、早退、旷课； 2. 有职业道德与社会责任感； 3. 有较强的新闻敏感性，有一定的新闻工作者人文关怀意识； 4. 语言沟通能力、组织协调能力强，能够与团队成员团结协作，共同完成工作任务； 5. 能够实事求是完成工作评价，给出合理分值。	10				
自我评分（20%　）＋ 小组评分（30%）＋ 教师评分（50%）／总分：								
改进建议								

任务4　时政新闻播报综合训练

【学习目标】

一、进一步强化宣读式和播报式播音样式驾驭能力。

二、增强时政新闻播报态度分寸的把握能力。

三、运用所学理论知识完成例稿播报训练、上镜播报训练。

四、自主策划、采访、编辑、播音和制作时政新闻播报节目。

【课堂训练】

◇例稿 1.15

国内联播快讯（一）

●三峡蓄水后长江河道总体稳定

国务院三峡工程泥沙专家组日前对长江中游宜昌至湖口河段进行查勘调研，结果表明自2008年三峡工程开始175米试验性蓄水以来，长江中游河道没有出现大的河岸变形，河道情况总体稳定。

●国家科技奖励推荐和受理工作完成

记者从科技部获悉，2012年度国家科技奖励推荐和受理工作已顺利结束，共受理国家自然科学奖、国家技术发明奖和国家科技进步奖推荐项目995项。

●共和国部长义务植树活动今日举行

“共和国部长义务植树活动”今天在北京举行，202名省部级领导同志种下了3000多株树木。该项活动至今已连续举办11次，先后近2000人次参加，共栽种树木两万多株。

●西安咸阳国际机场二期扩建工程竣工

陕西西安咸阳国际机场二期扩建工程今天正式竣工，可起降现有任何机型的飞机，满足旅客吞吐量5000万人次的需求。

●黄帝故里拜祖大典今天在河南举行

主题为“同根同祖同源，和平和睦和谐”的壬辰年黄帝故里拜祖大典今天在河南省新郑市举行。来自全球五大洲24个国家和地区的数千名嘉宾拜谒了中华民族的人文始祖轩辕黄帝。

●闽台合作交流团赴台参访

由30多人组成的福建台湾合作交流团今天抵达台中，展开为期五天的合作交流参访活动。

●广西海南举行三月三民俗活动

今天在广西桂林、海南琼中举行了农历三月三民俗活动，拔河比赛、竹竿舞、竹排竞技、抛绣球等吸引了上万人参与。

●云南昆明两处山火明火扑灭

截至今天上午，云南昆明安宁市王家滩村和晋宁县酸水塘村的两起山火明火均已扑灭，目前没有大规模复燃现象发生，现在已转入火场清理与看守阶段。

（2012年3月24日央视《新闻联播》）

◇例稿1.16

国内联播快讯(二)

●2020年我国人均预期寿命77岁

卫生部发布的《“健康中国2020”战略研究报告》指出，到2020年我国人均预期寿命将达77岁。通过增加政府投入和社会统筹，到2020年健康投入要达到世界平均水平。

●中俄界江今天放归百万鱼苗

今天在黑龙江抚远县，中俄两国友人共同将上百万尾鱼苗放归黑龙江中，此外还放归了50条国家二级保护动物成体鲟鳇种鱼。

●天津达沃斯论坛筹备进展顺利

2012天津夏季达沃斯论坛各项筹备工作目前进入最后冲刺阶段，来自世界80多个国家和地区的1400多名代表已注册，论坛将于9月11号到13号举行。

●武警启动救助贫困残疾儿童计划

由武警宁夏总队医院承担、救助贫困残疾儿童的“七彩梦行动计划”正式启动。该项目由中央财政安排专项补助资金为贫困儿童免费实施聋儿人工矫治手术，免费配发矫形器以及提供康复训练等。

●风筝冲浪高手竞技山东潍坊

2012 中国潍坊滨海国际风筝冲浪公开赛今天开赛。作为一项新兴的水上运动，风筝冲浪已成为2016 年奥运会正式比赛项目。

●百集系列片《中国古镇》举行首映式

由我台《走遍中国》栏目制作的百集系列片《中国古镇》日前在北京举行首映式，该系列片以“一镇一传奇，一镇一风情”为主线，着力挖掘古镇承载的文化内涵和智慧，8 月 20 号起在我台中文国际频道每晚 8 点播出。

●全国儿童歌曲大赛颁奖晚会今晚播出

“2012 全国儿童歌曲大奖赛”日前落下帷幕，近千首参赛作品中有 30 首入围决赛。今晚 9 点，我台少儿频道将播出颁奖晚会《歌声与梦想》。

（2012 年 8 月 18 日央视《新闻联播》）

◇例稿 1. 17

国内联播快讯（三）

●上半年民营企业出口增长明显

全国工商联今天透露，上半年我国民营企业出口额已达到全国出口总额的 35. 6%，同比增长 16. 6%，高于全国 9. 2% 的增速。发改委已经确定在铁路、能源、电信、卫生、教育等领域尽快推出一批主导民间投资参与的重点项目。

●全国事业单位公务用车清查将开始

财政部近日将开展事业单位公务用车清查工作，重点对公务用车的数量、价格、排气量、使用状况、使用方向等进行清查。

●海峡两岸首条直通光缆建成

海峡两岸第一条直通光缆——“厦金海底光缆”今天在厦门建成，这条光缆由两岸电信运营商共同建设，连通后使两岸之间的通信能力提高百倍。

●我军构建陆海联合航渡指挥新模式

在日前结束的陆海联合航渡训练中，一套全新指挥模式整合了陆军和海军各种现有指挥网系，实现了指挥信息系统对陆、海、岸的全面覆盖，有效提升了陆海联合体系作战能力。

●第十一届中国长春电影节昨晚开幕

第十一届中国长春电影节昨晚开幕，《辛亥革命》、《桃姐》等32部优秀华语影片入围“金鹿奖”的奖项角逐。

●“寻找最美乡村教师”摄影作品展出

今年六月，中央电视台、《光明日报》联合发起“寻找最美乡村教师”书画、摄影作品征集活动，目前共收到社会各界作品上千幅。今天，《天梯上的教师夫妻》等百余幅作品在北京军事博物馆展出。

（2012年8月21日央视《新闻联播》）

◇例稿1.18

国际联播快讯（一）

●联叙监督团所在酒店附近发生爆炸

据叙利亚国家电视台报道，联合国叙利亚监督团工作人员所在的大马士革玫瑰酒店附近今天发生爆炸，至少造成3人受伤，但伤者中没有监督团成员。爆炸是由事先安置在一辆油罐车下面的爆炸装置引起，一些公共设施被损毁。

●伊朗反对暂停叙利亚成员国资格

据伊朗媒体14号报道，伊朗外长萨利希13号表示，伊朗反对伊斯兰合作组织暂停叙利亚的成员国资格。他说，这种做法无助于解决问题，伊斯兰合作组织应帮助解决叙利亚问题，恢复本地区的和平与稳定。

●欧元区经济下半年或难逃衰退

欧盟统计局14号发布的数据显示，今年第二季度，欧元区17国国内生产总值环比萎缩0.2%，虽然欧元区头两大经济体德国和法国的表现好于预期，但分析人士指出，欧债危机持续发酵、重债国继续实施紧缩措施以及全球经济形势脆弱，使得欧元区下半年陷入衰退的可能性大增。

●布鲁塞尔铺就“鲜花地毯”

著名的比利时“鲜花地毯”14号再现首都布鲁塞尔市中心的大广场。“鲜花地毯”面积有1800平方米，由60万朵鲜花铺成，其中绝大部分是秋海棠，还有一部分大丽菊。据设计师介绍，今年的主题是“非洲大陆”，但是由于切花的保鲜期比较短，所以鲜花地毯只能展出5天。

（2012年8月15日央视《新闻联播》）

◇例稿1.19

国际联播快讯(二)

●韩国民众游泳登上韩日争议岛屿

15号，由韩国歌手、演员及韩国体育大学游泳系学生近40多人组成的游泳队，横渡大海。他们历经48小时30分钟、接力游泳220公里，最后登上韩日之间存有争议的岛屿——“独岛”(日本称竹岛)，以宣示韩国对该岛屿的主权。

●巴基斯坦一空军基地遭袭

巴基斯坦西北的卡姆拉空军基地今天遭武装分子袭击，双方发生交火，8名武装分子和1名巴基斯坦士兵在交火中死亡。塔利班宣称对袭击负责。

巴基斯坦总统扎尔达里和总理阿什拉夫都发表声明谴责袭击事件。

卡姆拉空军基地距巴首都伊斯兰堡约70公里，是巴基斯坦最重要的空军机场之一。

●美军超高音速飞行器试飞失败

美国空军15号说，他们进行的一次超高音速飞行器试飞宣告失败，飞行器X-51A失去控制坠入太平洋，未能回收。

美空军称，设计X-51A并非为开发特定的武器系统，而是为了验证它使用的超燃冲压发动机技术，这一技术一旦成熟，可用于超高音速武器和侦察机。

(2012年8月16日央视《新闻联播》)

◇例稿1.20

习近平会见梁振英、崔世安

国家主席习近平今天上午在中南海会见了来京列席第十二届全国人民代表大会第一次会议闭幕式的香港特别行政区行政长官梁振英、澳门特别行政区行政长官崔世安。

习近平强调，香港、澳门与祖国内地的命运始终紧密相连。实现中华民族伟大复兴的中国梦，需要香港、澳门与祖国内地坚持优势互补、共同发展，需要港澳同胞与内地人民坚持守望相助、携手共进。

习近平充分肯定两位行政长官和香港、澳门特别行政区政府的工作。他表示，梁振英提出“稳中求变”的施政理念，得到了广大香港市民认同。现在的关键是抓好落实。这既是行政长官和特区政府的责任，也有赖于香港社会各界一起努力。众人拾柴火焰高。希望香港社会各界紧密团结起来，支持行政长官和特区政府依法施政，共同开创香港更加美好的未来。

习近平指出，当前澳门正处于历史上比较好的时期。但未来发展也面临一些挑战。希望澳门特别行政区政府和社会各界增强忧患意识，利用有利时机和条件，研究解决制约发展的突出问题，为澳门长远发展夯实基础。

张德江、李源潮、杨洁篪等参加会见。

（2013 年 03 月 18 日央视《新闻联播》）

◇例稿 1.21

我国成功发射第 11 颗北斗导航卫星

北京时间今天 0 点 12 分，我国在西昌卫星发射中心用“长征三号丙”运载火箭，成功将第 11 颗北斗导航卫星送入太空预定转移轨道。这是我国今年发射的首颗北斗导航系统组网卫星。

按计划，今年还将发射 5 颗北斗卫星，到今年年底，北斗系统将形成覆盖亚太部分地区的服务能力；到 2020 年，将建成由 30 多颗卫星组成的北斗卫星导航系统，提供覆盖全球的高精度、高可靠的定位、导航和授时服务。

（2012 年 2 月 25 日央视《新闻联播》）

◇例稿 1.22

北京、上海、广东等地干部群众纷纷表示
坚决支持有关部门依法处置网络造谣传谣的举措

连日来，北京、上海、广东等地干部群众纷纷表示，坚决支持有关部门依法处置网络造谣传谣的举措。他们说，依法惩处网络编造传播谣言者和传播谣言的网站，正是为了维护社会秩序和公众利益，呼吁共同净化网络环境、遵守网络法治，维护一个正常、有序和健康的社会环境。

北京干部群众说，网络言论自由绝不是恶意造谣的借口，打着民主自由的幌子，编造传播谣言是法治社会所不容的。上海干部群众说，公民要有法律意识，要旗帜鲜明地支持依法惩处造谣者，不助长谣言的流传、蔓延。无论是网站还是网民，如果传播的内容违反了相关法律规定，就应受到法律制裁。广东干部群众表示，维护一个正常、有序和健康的社会环境，是每一个公民应尽的义务，要从源头上遏制谣言的传播。

（2012 年 4 月 7 日央视《新闻联播》）

◇例稿 1.23

全球 24 小时内强震频发

从北京时间 11 号下午到今天，印度洋、墨西哥附近接连发生地震，其中多数震级在里氏 6 级以上。11 号，印尼发生的里氏 8.5 级地震造成苏门答腊岛北端亚齐省至少 5 人死亡，4 人受伤。印尼苏门答腊岛附近海域发生强震后，地震监测部门发布海啸预警，但几个小时后，多个国家相继取消海啸预警。地震专家认为，这次强震位于板块的水平断裂带，而不是垂直断裂带，因此威力不是很强大。

此外，墨西哥也接连发生多起地震。据中国国家地震台网测定，北京时间今天下午15时06分和15时15分，在墨西哥加利福尼亚湾（北纬28.8度，西经113.1度）相继发生里氏6.2级、6.9级地震。而此前，当地时间11号下午，墨西哥西南部米却肯州发生里氏6.5级地震，震源深度为16公里。首都墨西哥城部分地区有震感。

（2012年4月12日央视《新闻联播》）

◇例稿1.24

中共中央办公厅、中共中央对外联络部公告

中共中央办公厅、中共中央对外联络部今天发表公告。公告说，在中国共产党召开第十八次全国代表大会期间和习近平同志当选为中共中央总书记后，许多国家政党、政府、民间团体及其领导人，驻华使节、友好人士以及旅居国外的华侨华人，香港特别行政区同胞、澳门特别行政区同胞和台湾同胞等，向大会、向中共中央、向新当选领导人发来贺电函，表示热烈祝贺和良好祝愿。中共中央办公厅、中共中央对外联络部受中共中央和习近平总书记的委托，谨表示衷心的感谢。

（2012年11月26日央视《新闻联播》）

◇例稿1.25

第五届北京人权论坛开幕

由中国人权研究会和中国人权发展基金会联合主办的第五届北京人权论坛，今天在北京开幕。本届论坛的主题为“科技、环境与人权”。来自联合国等国际组织、32个国家和地区的人权高级官员和专家学者出席会议。与会代表高度评价了近年来中国在人权事业、科技创新、环境保护等领域取得的巨大成就。北京人权论坛从2008年开始，迄今已举办四届。

（2012年12月12日央视《新闻联播》）

◇例稿1.26

中共湖南省委、湖南省人民政府关于加强全省安全生产的紧急通知

各市州、县市区委，各市州、县市区人民政府，省直机关各单位：

党中央、国务院高度重视安全生产，作出了一系列决策部署，省委、省政府对全省安全生产也制定了严格、具体的落实措施。邵阳县“9·9”沉船事故，给人民群众的生命安全带来重大损失。我们要汲取深刻教训，时刻绷紧安全生产这根弦，举一反三地做好安全生产各项工作。保障安全，就是最大的民生。全省各级要牢固树立以人为本、安全发展的理念，进一步增强责任感和使命感，以更加有力的措施、更加严厉的手段落实安全生产这个第一责任，严格落实安全生产“一岗双责”，严格安全准入，严格安全监管，严格追究责任。

现正值节日期间，各级各部门更要加强安全生产。要加强隐患排查，对煤矿、非煤矿山、道路和桥梁、渡口、水上交通、公共场所、工程施工、消防火灾、烟花

爆竹、危险化学品、民爆器材、冶金等重点行业领域作全面的摸底排查，认真落实矿山采空区、尾矿库、煤矿瓦斯等重大安全隐患治理措施，有效防范和遏制重特大事故发生。要加强基层基础工作，提升安全生产总体保障能力，强化事故应急救援能力，加强灾害预防和救助工作，开展重点领域、重点地区专项整治，确保生产安全、交通安全、学生安全和矿山安全。要加强依法监管，严格责任追究，对安全责任事故，要严格按照"四不放过"和依法依规、实事求是、注重实效的原则，严肃查处和追究事故责任；对违法违规、失职渎职的，无论涉及哪个部门、哪级干部，都要严肃追究，绝不姑息。要加强事故调查处理，事故和险情一旦发生，必须按规定在第一时间上报，自觉接受社会和舆论监督，对瞒报、谎报、迟报事故，以及事故后逃逸的，要依法从重从快查处。

抓安全生产，必须以铁腕手段，确保各项政策措施执行到位，工作措施落实到位，事故责任追究到位。一切对人民生命安全不负责的行为，都必须受到严肃处理；凡是工作不尽职、不落实、不到位，即使不出事故也要问责。

中共湖南省委
湖南省人民政府
2011 年 9 月 11 日

【任务拓展】

一、选择例稿进行上镜训练，并编辑、制作成完整的时政新闻播报节目成品。

二、以小组为单位，自主策划、采访、撰稿、编辑、播音并制作一期时政新闻播报节目，可采用单独播报或男女对播形式。时长 5 分钟。

【评价方法】

时政新闻播报单元综合训练考核表

考核模块	考核内容	考核方式	考核点	分值	评分标准			
					优 90～100分	良 75～89分	及格 60～74分	不及格 0～59分
（一）知识与技能目标	1. 对所学时政新闻播报理论知识进行回顾，总结。	理论测验	1. 能够准确说出时政新闻的定义、播报特点、语言特征、态度分寸。	10				
	2. 对例稿《中国共产党第十八届中央委员会第一次全体会议公报》、《国内联播快讯》进行播音节目策划、编辑，完成上镜播音，并制作成一期时政新闻播报节目视频成品。	技能训练	2. 掌握时政新闻的特征及备稿方法、播报的常用语言样式、调动感情和把握分寸的方法； 3. 播报语音规范、播报规整流畅； 4. 播报基调正确、叙事清晰、重点突出； 5. 节目编排合理、音乐协调。	20				
	3. 以小组为单位，策划、采访、拍摄、撰稿、编辑、播音并制作一期时政新闻播报视频节目，时长5分钟。	作品评审	6. 能够运用时政新闻播报的备稿方法对时政新闻进行播报前的准备； 7. 能够运用宣读式和播报式对不同时政新闻稿件进行播音，运用正确的态度分寸播报时政消息； 8. 策划、文稿、稿签齐全； 9. 节目导向正确，重点突出； 10. 语音规范、播报流畅，节目编排合理、制作精良。	50				
（二）过程与方法目标	4. 合作完成节目成品的过程表现。	综合评价	1. 能够获取、搜集、整理信息，甄选有价值信息； 2. 能够制定、实施工作计划； 3. 能够分析、发现、解决问题； 4. 具有理论知识的运用能力； 5. 能及时完成工作任务。	10				
（三）情感、态度、价值观目标	5. 出勤纪律、工作态度。 （违反第一条，10分全无）。		1. 遵守工作纪律，自我约束力强，不迟到、早退、旷课； 2. 有职业道德与社会责任感； 3. 有较强的新闻敏感性，有一定的新闻工作者人文关怀意识； 4. 语言沟通能力、组织协调能力强，能够与团队成员团结协作，共同完成工作任务； 5. 能够实事求是完成工作评价，给出合理分值。	10				
自我评分（20%）+ 小组评分（30%）+ 教师评分（50%）/总分：								
改进建议								

项目二　经济、科教新闻播报

任务1　经济、科教新闻播报的备稿

【课前热身】

一、认真倾听三条经济、科教短消息，听后作简要复述，并表达自己的看法，要求语言流畅，主题突出，逻辑性强。

二、认真记录关键词，迅速理清消息内容的层次，整理讲话思路，做到出口成章。

【学习目标】

一、了解经济、科教新闻的含义、播报特点、备稿理论。

二、掌握经济、科教新闻播报的主要特点及备稿方法。

三、运用正确方法做好经济、科教新闻播报前的备稿。

【情境导入】

《财经今日谈》是凤凰卫视推出的一档经济评论节目，每天播出。它具有很强的新闻性，每天针对经济领域的不同事件，约请相关专家及权威人士，深度分析经济事件的影响，提供新的认识事件的方法和角度，帮助观众对经济宏观形势有更全面的了解，对事件本身有更立体的认识。

《财经今日谈》最大的优势是“用通俗的语言讲述专业的财经”，能够让任何一个没有受过系统财经知识培训的观众也能理解学者的专业意见，是国内比较有特色的适合普通人看的财经报道。

《财经今日谈》主持人刘芳表示，目前节目最大的一个缺点是评论对象的时事性不足，她今后将加强即日新闻的报道力度，针对当日报纸的焦点事件进行评论。

主持人的话给你怎样的启示？怎样才能做到用通俗的语言讲述专业的财经？当你面对专业性较强的稿件，你会如何进行播报前的准备呢？

【重点解析】

随着社会生活的日益变迁，与人们生活息息相关的经济、科技、教育类的资讯越来越受到受众的关注，越来越多的专业资讯类新闻节目应运而生，不断吸引着受众的眼球与耳朵。

《全球资讯榜》每日中午12点播出，是央视经济资讯频道新闻主框架的组成部分之一，为观众提供以国际为主、国内外融通的全球经济资讯。周一至周日21:30，央视财经频道首播的《经济半小时》只在每天纷繁复杂的新闻事件中，挑选出一至两条最重要的经济新闻，进行一番有深度、有评论、有多元观点的报道，“做透一条”是《经济半小时》的最大特色。《中国财经报道》隶属于央视经济资讯频道，每晚播出，致力于为“对社会经济最具影响力”的观众群提供高度提纯的财经报道与分析。优秀的财经新闻节目还包括凤凰卫视推出的《财经今日谈》和《财经点对点》。

在科教领域，央视科教频道作为中国电视科教类专业频道，现在以“品质、内涵”为特色，努力探索实践，发挥国家级电视媒体的影响力和引导力，承担起弘扬主流价值观、引领先进文化精神的媒体责任，凭借新闻立台，特色科教节目成为观众喜爱的国家级电视频道。

作为一名新闻播音员，播报好专业性较强的财经类、科教类新闻的首要前提是要对这类新闻进行全方位了解，把握其主要特点，认真做好播报前的准备工作。

一、经济、科教新闻定义

经济、科教新闻是指及时、迅速地对经济领域、科技教育领域新近发生的具有一定社会意义或社会影响的事实所作的简要报道。

二、经济、科教新闻播报的主要特点

主要特点是真实、新鲜、有价值、简明扼要、传播快捷、专业性强。

三、经济、科教新闻播报的备稿

学会备稿，重视备稿是播音员、主持人的基本功，那么经济、科教新闻播音该如何备稿呢?

首先，要熟悉新闻稿件结构，了解基本事实，把握住稿件的大体框架，理清文章的脉络。新闻稿件通常由导语，主体和结尾三部分组成。导语是稿件的总纲，播音时要状态积极，非常清晰地把重点表达出来，确定稿件基调；主体是新闻事实的展现部分，要有从头说起的转折感，要求语气稍显平缓，流畅细致地展现新闻内容；结尾是全篇的总结，通常会有概括性的评价和展望，语气要明朗舒展，有明显的结束感。播音前备稿时划分层次有助于把握稿件各部分起承转合的语气变化，让播音层次分明，具有整体感。

其次，要把握新闻的具体内容，关注民生、推行节约、环保。如主题是什么，产生于什么样的社会背景，有怎样的播出目的，在播出过程中应强调什么重点，播音应持有怎样的基调等等。

第三，把握细节，抓住经济、科教新闻关键词，掌握专业术语、重要数据，找准新闻点。新闻中的信息饱和度非常高，经常会出现很多人名、地名、时间、数字、专业术语等等，正因如此，新闻是广播电视节目中最难播的，稍有懈怠就会播错。作为党的喉舌，新闻播音员代表着政府的形象，要让受众觉得值得信赖，就必须大气、稳重，不仅要口齿伶俐，字音清晰，普通话标准，尤其要注意不能出错。比如著名的新闻播音员邢质斌、罗京等人，播音几乎没有错误，从而造就了他们权威的播音形象，赢得了广大受众的爱戴。“不出错”看似简单，但实际上是很高的要求，需要播音员做好稿件准备工作，熟悉稿件，做到心中有数，播音时要全神贯注，在重要的信息和拗口的词汇上要多加注意，还要把不认识的字标注出来，对不熟悉的专业术语和信息做到提前了解，只有保持这样严谨的作风，才能把新闻播流畅、准确。

【课堂训练】

◇例稿 2.1

6 岁克隆羊患上关节炎

世界上第一个通过克隆技术而生的哺乳动物多利羊患上了关节炎，这是它的创造者维尔穆特博士昨天宣布的。

多利羊是在 1996 年 7 月 5 日出生的，现在还不到 6 岁，相对于羊的寿命还相当年轻。多利羊年轻时就患上一般在老年时才出现的关节炎，是很不一般的。维尔穆特是在接受英国广播公司的采访时透露这一消息的，他担心这可能与现在使用的克隆技术有关，从而更引起人们对克隆动物可能带有先天健康隐患的忧虑。维尔穆特在谈话中还指出，很多克隆胚胎在母体中或在降生时死亡，他虽然怀疑这些现象都与克隆技术有关，但现在还没有直接证据。他说“重要的是，我们要找到它的原因”。

维尔穆特这一宣布，导致负责推销维尔穆特克隆技术产权的英国 PML 公司的股票价格下降了 15%。

（2002 年 9 月 12 日新华社消息）

训练提示：这条消息的第一段是导语，它是基本事实的简要概括，引起受众对“这一新闻事实意味着什么”的追寻。第二段的第一、二句是背景，通过对多利羊和一般羊患关节炎的年龄对比、分析，使受众注意到这只羊患关节炎的不一般含义。

第二段的其他部分是这条消息的主体，它具体地叙述了是谁、在什么时候、怎样谈及此事的，至此全部事实都已清楚。第三段是结尾，道出了此事造成的影响。于是，这件事的典型意义、这条消息的新闻价值，也全部体现出来了。

◇例稿 2.2

一组国内简讯

●我国成功发射“遥感卫星十五号”

今天 15 点 31 分，我国在太原卫星发射中心用“长征四号丙”运载火箭成功发射“遥感卫星十五号”，卫星顺利进入预定轨道。“遥感卫星十五号”主要用于科学试验、国土资源普查、农作物估产及防灾减灾等领域。

●人民币对日元 6 月起可直接交易

中国外汇交易中心今天宣布，经中国人民银行授权，自 2012 年 6 月 1 日起，银行间外汇市场完善人民币对日元的交易方式，人民币对日元直接交易。央行表示，此举有利于降低经济主体汇兑成本，促进人民币与日元在双边贸易和投资中的使用。

●全国百年老字号大集在京举行

百年老字号大集今天在北京唐人街商场举行，来自全国 11 个省市的 200 家老字号、5000 多种产品汇聚一堂集中展示。本届老字号大集将持续 160 天。

●第二届青奥会交通配套项目开工

第二届世界青年奥林匹克运动会的重点交通配套项目——南京市梅子洲过江通道一期工程今天开工。整个工程由梅子洲过江通道连接线、青奥轴线地下交通系统等组成，计划 2013 年年底建成投入使用。

●澳门援助四川广元重建项目全部竣工

由澳门特别行政区援助四川广元的重点项目——澳源体育中心今天竣工投入使用。至此，澳门援助四川广元总投资 25.17 亿元的 26 个项目全部竣工。

（2012 年 5 月 29 日央视《新闻联播》）

训练提示：按照备稿要求对稿件进行理解，确定正确的播音基调；抓住每条稿件的新鲜点，运用重音、节奏、停连等处理方法突出新鲜感；按照经济科教新闻特点对新闻进行播报。

【任务拓展】

一、选择例稿重新编辑，播音、制作成一期完整的经济、科教新闻播报音频节目，时长5分钟。

二、以小组为单位，策划一期经济、科教新闻播报节目：自选经济、科教新闻稿件4～5条，编排顺序，播音、编辑、制作一期《经济科教新闻》视频节目，时长5分钟。

【思考测验】

一、新闻稿件的哪些特点直接或间接地影响着播音员对新闻稿件的理解？

二、选择一条经济新闻例稿，分析其背景及宣传目的。

三、请注意搜集身边有价值的经济科教新闻优秀视频作品，分析并做模拟训练。

【评价方法】

考核表

<table>
<tr><th rowspan="2">考核模块</th><th rowspan="2">考核内容</th><th rowspan="2">考核方式</th><th rowspan="2">考　核　点</th><th rowspan="2">分值</th><th colspan="4">评　分　标　准</th></tr>
<tr><th>优
90～100分</th><th>良
75～89分</th><th>及格
60～74分</th><th>不及格
0～59分</th></tr>
<tr><td rowspan="3">（一）知识与技能目标</td><td>1. 对所学经济、科教新闻理论知识进行回顾，总结。</td><td>理论测验</td><td>1. 准确说出经济、科教新闻的含义、播报特点、备稿方法。</td><td>10</td><td></td><td></td><td></td><td></td></tr>
<tr><td>2. 对一组经济、科教新闻例稿进行播报。</td><td>技能训练</td><td>2. 掌握经济、科教新闻播报的主要特点及备稿方法；
3. 写出备稿分析笔记，步骤齐全，分析准确；
4. 基调正确、状态积极；
5. 语音规范、语言规整流畅。</td><td>20</td><td></td><td></td><td></td><td></td></tr>
<tr><td>3. 自选素材，策划一期经济科教新闻播报视频节目，采访、编辑、播音、制作成播音节目成品，时长5分钟。</td><td>作品评审</td><td>6. 能够运用正确方法做好播报前的备稿；
7. 节目导向、播音基调正确，重点突出；
8. 语音规范，语言规整，播报流畅；
9. 态度鲜明、简洁明快、语义清晰；
10、策划、文稿、稿签齐全，节目编排合理、制作精良。</td><td>50</td><td></td><td></td><td></td><td></td></tr>
<tr><td>（二）过程与方法目标</td><td>4. 合作完成节目成品的过程表现。</td><td rowspan="2">综合评价</td><td>1. 能够获取、搜集、整理信息，甄选有价值信息；
2. 能够制定、实施工作计划；
3. 能够分析、发现、解决问题；
4. 具有理论知识的运用能力；
5. 能及时完成工作任务。</td><td>10</td><td></td><td></td><td></td><td></td></tr>
<tr><td>（三）情感、态度、价值观目标</td><td>5. 出勤纪律、工作态度。
（违反第一条，10分全无）。</td><td>1. 遵守工作纪律，自我约束力强，不迟到、早退、旷课；
2. 有职业道德与社会责任感；
3. 有较强的新闻敏感性，有一定的新闻工作者人文关怀意识；
4. 语言沟通能力、组织协调能力强，能够与团队成员团结协作，共同完成工作任务；
5. 能够实事求是完成工作评价，给出合理分值。</td><td>10</td><td></td><td></td><td></td><td></td></tr>
<tr><td colspan="9">自我评分（20%）+ 小组评分（30%）+ 教师评分（50%）/总分：</td></tr>
<tr><td>改进建议</td><td colspan="8"></td></tr>
</table>

任务2　经济、科教新闻播报的语言特征与技巧

【课前热身】

一、复述新近发生的经济、科教新闻，表达自己的观点。要求态度鲜明、个性讲述。

二、就某一经济科教新闻主题，展开小组间的辩论赛，要求观点明确，论述有力，具有一定学科专业知识素养。

三、尝试围绕“是什么”、“为什么”、“怎么做”展开观点论述，做到有理有据，论述清楚。时长8分钟。

【学习目标】

一、了解经济、科教新闻播报的基本要求。

二、掌握经济、科教新闻的语言特征及播报技巧。

三、运用经济、科教新闻的播报技巧播报经济科教新闻。

【情境导入】

某电视台财经新闻节目主播在播报财经新闻时状态不积极，惯用港台腔，儿化音，经常使用俗语、非专业术语来进行新闻播报，有时还会在新闻播报中出现播报不流畅的情况，在播音稿中擅自添加非措词性的发音，如“嗯”、“啊”，观众反响强烈，这名主播最终被电视台辞退。

你认为这位主播为什么会被辞退？经济、科教新闻播报有哪些要求和技巧？

【重点解析】

一、经济、科教新闻播报的基本要求

1. 叙事要清楚

要有扎实的语言基本功：处理好句子，避免“字儿”化，语句重音准确、停连得当；组织好句子，注意层次的转换与呼应，做到语句“归堆儿”、语义“抱团儿”。

2. 新鲜感要强

声音明亮、轻松，字音饱满有力度；语式常扬，语气明朗有兴致；节奏平稳、明快；膈肌活跃，气息带有明显的弹发跳跃感。

二、经济、科教新闻播报的语言特征

准确清晰、朴实无华、简洁明快、平稳顺畅、专业性强。

三、经济、科教新闻的播报技巧

经济新闻播报的具体要求：

1. 深入理解、全面把握稿件内容；

2. 弄懂稿件中出现的专业术语及名词并清楚准确地表达出来，对于专业数据和专业知识要播报清晰、准确；

3. 注意停连重音的准确把握；

4. 语言朴实舒展，自然从容。

科教新闻播报的具体要求：

1. 深入理解稿件内容，全面把握稿件结构；

2. 领会节目意图，让播出目的具体化；

3. 明确收听收视对象，摆正自己与受众的关系；

4. 有声语言表达要有针对性、服务性，朴实流畅，灵活自如，完成从文字语言到有声语言的二度创作。

【课堂训练】

◇例稿 2. 3

太阳系之外首次发现一颗可能适合人类居住的行星

据《纽约时报》北京时间今晨报道，欧洲天文学家宣布，他们首次在太阳系之外发现了一颗可能适合人类居住的行星，在这颗行星上可能存在海洋和生命。

据悉，这颗行星质量约为地球的五倍，距离地球20光年，围绕一颗名为“格丽丝581”的红矮星运转，因此被命名为“格丽丝581c”。到目前为止，在已经发现的约200颗太阳系以外行星中，格丽丝581c是最小的一颗。

此外，它的运转轨道处于“可居住区”之内，如果其他条件合适，就有可能存在地表水和生命。

格丽丝581c由一个11名欧洲天文学家组成的小组发现，目前该小组已经撰写了相关论文，并提交给《天文和天体物理学》杂志。

不过，日内瓦天文台的天文学家、论文主要作者斯蒂芬妮·尤德里(Stephane

Udry)表示，现在还无法得出格丽丝581c存在液态水的结论。

麻省理工学院的行星专家萨拉·西格尔(Sara Seager)表示："如果格丽丝581c的大气层比金星还要厚，液态水将由于温度过高而无法存在。"

两年前，天文学家在"格丽丝581c"发现了一颗海王星大小的行星。在此之后，天文学家又在"格丽丝581c"里发现了一颗有地球八倍大小的疑似行星。新行星的发现，意味着格丽丝581c将成为人类未来太空航行的首选目标。

（中国日报网环球在线2007年4月25日消息）

训练提示：这条新闻属于科技新闻。这篇探索性新闻会引起受众的好奇心和浓厚的兴趣，消息的新闻眼是"适合人类居住的行星"，除此之外，还应该把"在太阳系之外发现的"及"可能存在海洋和生命"也要通过有声语言交代清楚。这一段是新闻的导语，导语是引导之语。因此，"适合"、"居住的"要作为重音来处理。"海洋"、"生命"要作次重音来把握。

二、三、四、五、六段是新闻的主要部分。其中第二段就行星的质量"约为地球的五倍"、"最小的一颗"，有声语言中要带有一定的色彩。第三段的"可能存在地表水和生命"，同样要做技巧上的处理。第四段是一个简单的提交程序，声音要做弱化处理，使其成为过渡段。第五段及第六段是指出"可能适合人类居住的行星"的不确定因素，有声语言趋缓，作弱化处理，不要过于张扬。

最后一段是新闻的结尾段，交代了天文学家研究的背景资料。播读清楚即可。新闻的结尾部分，按规律要写新闻事实的发展趋向，这条新闻同样如此，"将成为人类未来太空航行的首选目标"是结尾段中新闻价值所在，同时也是观众的兴趣所在。

◇例稿2.4

一组经济、科教新闻

●新疆立足自身优势 经济民生科学跨越

中央新疆工作座谈会召开两年来，求发展、谋富裕、思稳定、盼和谐成为新疆发展的主旋律，经济社会民生实现了科学健康的发展。

下个月，新疆第一个煤制气项目就要在伊犁投产，这里的煤炭将被转化成清洁的天然气，并可以解决5千人的就业。

这个总投资300亿元的项目，之所以能在一年多的时间里建成，得益于新疆大力引进先进技术，加快资源开发的进度。

与此同时，国家政策扩大了新疆开放的窗口。今年中哈霍尔果斯跨境国际合作中心开始运行。喀什经济开发区综合保税区也启动建设。2011年，全疆生产总值增长12%，地方财政收入首次突破千亿元。

丰厚起来的"家底"促进着新疆社会民生的改善。两年来，已经有120多万农牧民喜迁新居，新房子水电气齐全不说，政府还送来了优质肉羊、大棚蔬菜、庭院蘑菇这些致富门路。

2011年，新疆农牧民人均年纯收入首次突破5000元。近两年来，新疆用于民生建设的财政资金达2868亿元。

●安徽："以电代燃"惠农家

为了鼓励农村以清洁电能代替生活燃料，安徽省近年来开始推行"以电代燃"项目。在安徽霍山县石羊河村，高秀林夫妻二人正忙着准备中饭，厨房里电磁炉、微波炉等现代化的小家电一应俱全。

老高家的变化得益于霍山县因地制宜大力发展农村小水电项目。通过小水电站的建设，山区居民不仅用电量得到了保障，电价也得到了实惠。现在"以电代燃"用户可以享受到每度三毛九分钱的低电价。

截至2011年底，安徽全省水电装机容量112.8万千瓦，其中农村水电装机91.9万千瓦，能保障近200万山区居民的生产生活用电。

●珠海：守住蓝天碧水

广东省珠海市在经济保持快速发展的同时，不遗余力保护环境，实现了经济发展与环境保护"双赢"。

吉大水质净化厂是珠海最早的污水处理厂之一，为了满足城市发展和居民生活污水增加的处理需求，珠海投资650万元对该厂进行了除磷脱氮提升改造，目前，吉大水质净化厂出水水质已达到了国家规定的2002一级B排放标准，日污水处理能力达到9.8万吨，有效地保护了周边海域的水环境。

截止2011年底，珠海已先后建成并正式投运10座污水处理厂，污水日处理能力总规模达54.3万吨，城市生活污水集中处理率86.84%。珠海还加大配套管网建设、截污分流、河渠整治等一系列重点涉水治污工程的力度，彻底斩断向河涌内乱排放的"黑手"。

近年来，珠海先后制定了高污染燃料禁燃区划，实施燃料控制，并对全市244台工业锅炉进行治理，关停锅炉17台。投入近3亿元购置新能源公交508辆。数据显示，近年来珠海在保持经济快速发展的同时，空气质量依然保持良好水平。空气污染综合指数珠三角最低，空气质量多年来稳居全国前列。

（2012年5月17日央视《新闻联播》）

训练提示：以上稿件内容正面、积极，播报时应注意基调准确，语式常扬。需认真处理好长句，理清层次关系，注意层次间的转换与呼应，防止"蹦字"、语意不清。要能体现经济科教新闻播报的语言特点，做到以叙述为主，语气平实，语音规范，语句规整，无大起大伏，无大停大连，重音少而精，停少而连多。

【任务拓展】

一、请将例稿进行重新编辑，并播音、制作成一期完整的经济、科教新闻播报音频节目，时长 5 分钟。

二、请根据校园内发生的新闻事件为题材，以小组为单位策划一期新闻播报节目，自主采访、撰写两条科教新闻，并播音、制作成一期完整的《科教新闻》节目，要编排合理，播报时注意把握经济、科教新闻的语言特征与播报技巧，时长 5 分钟。

【思考测验】

一、如何理解经济、科教新闻的有声语言的特点？

二、请举例分析你最喜欢的经济、科教新闻栏目播音员的播音特色。

【评价方法】

考核表

考核模块	考核内容	考核方式	考核点	分值	评分标准			
					优 90～100分	良 75～89分	及格 60～74分	不及格 0～59分
（一）知识与技能目标	1. 对所学经济、科教新闻播报特点的理论知识进行回顾，总结。	理论测验	1. 准确说出经济、科教新闻播报的基本要求。	10				
	2. 对一组经济、科教新闻例稿进行播报。	技能训练	2. 掌握经济、科教新闻播报的语言特征； 3. 掌握经济、科教新闻播报的播报技巧； 4. 基调准确、正确把握新闻语体； 5. 语音规范、播报规整流畅。	20				
	3. 策划一期经济新闻播报节目，并播音、制作成完整的经济、科技新闻播报视频节目。	作品评审	6. 能够运用经济、科教新闻的播报技巧播报经济、科教新闻； 7. 节目导向、播音基调正确，重点突出； 8. 语音规范、播报流畅； 9. 态度鲜明；语义清晰、节奏明快； 10. 策划、文稿、稿签齐全，节目编排合理、制作精良。	50				
（二）过程与方法目标	4. 合作完成节目成品的过程表现。	综合评价	1. 能够获取、搜集、整理信息，甄选有价值信息； 2. 能够制定、实施工作计划； 3. 能够分析、发现、解决问题； 4. 具有理论知识的运用能力； 5. 能及时完成工作任务。	10				
（三）情感、态度、价值观目标	5. 出勤纪律、工作态度。 （违反第一条，10分全无）。		1. 遵守工作纪律，自我约束力强，不迟到、早退、旷课； 2. 有职业道德与社会责任感； 3. 有较强的新闻敏感性，有一定的新闻工作者人文关怀意识； 4. 语言沟通能力、组织协调能力强，能够与团队成员团结协作，共同完成工作任务； 5、能够实事求是完成工作评价，给出合理分值。	10				
自我评分（20%　）＋ 小组评分（30%）＋ 教师评分（50%）／总分 ：								
改进建议								

任务3　经济、科教新闻播报的态度分寸

【课前热身】

一、认真了解下面这条新闻，尽量完整反映原文信息，复述准确、流畅，时长3分钟。

二、注意记住其中的名称、专业术语、数据、时间等主要内容，有利于完整复述新闻。

美国现百米深巨坑 吞噬了周围的所有树木

据美国广播公司8月14日报道，近日，美国南部路易斯安那州出现一个400英尺(约合121.92米)深的神秘巨坑，吞噬了周围的所有树木。当地政府下令，住在附近的居民紧急撤离，以防可能出现的爆炸和核辐射灾难。

据称，这个巨坑出现在巴顿鲁日(Baton Rouge)以南约80公里的厄桑普逊教区(Assumption Parish)一片密林里，里面有很多非常高大的柏树。从空中俯拍的照片上看，巨坑的上面还露出一部分树木的树顶。当地政府对那里的100至150户居民发出撤离令，但多数居民愿意继续待在那里。如果出现非常危急的情况，当地政府将把撤离令升级为强迫性撤离令。

当地官员还不能肯定，造成这一巨坑的具体原因是什么。他们认为，其可能与得克萨斯卤水公司(Texas Brine Company)在附近开凿的盐洞有关。这个盐洞在使用了30年后于2011年被填平，但当地政府认为，这个盐洞的整体结构发生了变化，导致出现神秘巨坑。

(2012年8月16日央视《新闻联播》)

【学习目标】

一、了解经济、科教新闻播报态度分寸的重要性。

二、掌握经济、科教新闻播报态度分寸的控制方法。

三、运用经济、科教新闻播报态度分寸的控制方法播报经济、科教新闻。

【情境导入】

某教育电视台新闻主播播报新闻时热情而不张扬，语速快而不乱，重音突出而

不突兀，注意说新闻事实，播报规整流畅，不随意甩腔甩调，态度和感情的表露隐含在对事实本身的叙述当中，态度分寸得当，播出效果好。这位新闻主播受到观众的普遍认可和欢迎，成为该电视台最受欢迎的新闻主播。

这位主播为什么会受到欢迎呢？播报的态度分寸有何作用？如何把握态度分寸？

【重点解析】

一、经济、科教新闻播报的态度分寸的重要性

经济、科教新闻播音员有其社会属性，新闻播音也因此具有鲜明的政治情感色彩。新闻播音员的情感依附应该是新闻稿件的内容，而不是播音员的个性。要善于在不同稿件中寻找情感的微妙起伏，把是非褒贬“含蓄”地从播报中流露出来。在新闻播音的创作中，有的播音员追求平淡，毫无态度和情感，对所有的信息都抱着不赞成也不反对的态度，这样的传播者是生活的旁观者，这样的播音仅仅是文字的传声筒。还有些播音员往往希望以十分亲切的态度来表达新闻内容，以避免生硬和刻板。但是通常都会是播报者“满腔热情”，而受众却不领情。播报新闻应该有热情，但这种热情必须按照每一则新闻的政策分寸和艺术分寸来处理。

二、如何在播报中把握好态度分寸

新闻媒体具有引导受众的责任，播新闻尤其要注意鼓动性和号召性。只有真正理解新闻内容，熟悉新闻背景，明确播出目的，才能播得态度鲜明，分寸得当，才能让节目具有感染力，真正达到鼓舞受众，引导受众的作用。

消息类新闻写作历来结构严谨、布局紧凑、语言精练，播报的声音形式应与稿件风格相一致，要具有“吐字清晰、语势稳健、节奏明快、语言规整”的特点。尽管如此，新闻播音员要善于在风格变化不大的“稿件群”中寻找情感的变化，在相对“规整”的语言处理中寻找微妙的起伏，不能“睁眼看稿不动脑，张嘴念稿不动心”。消息播报语势的走向，要讲究像山间的溪流顺势而下，但情感的走向则要紧紧围绕稿件的“内在语”，花心思、动脑筋，使传播者和受众双方达到“认知共识”。这样，新闻播报中就会产生不同的情感处理，一组稿件听上去就会“有声有色”。

【课堂训练】

◇例稿 2. 5

中国经济平稳较快发展势头不会改变

一月份经济数据陆续公布，国家发改委、商务部、统计局的新闻发言人今天对

2012 年的中国经济走势进行了分析。

今天公布的 4.5% 的一月份 CPI 数据，暂停了连续 5 个月的回落态势，在国家统计局新闻发言人盛来运看来，这其中和元旦、春节两个假日都集中在一月份有很大关系，但是今年物价形势仍不可掉以轻心。

明天，外贸进出口的数据将公布，一段时间进出口增速逐月下滑的态势，让不少人捏了一把汗，但是商务部新闻发言人沈丹阳的看法却出乎我们的意料，他认为我国外贸期待已久的又好又快局面，正在形成。

同样看好中国经济的，还有国家发改委新闻发言人李朴民，虽然不久前，国际货币基金组织将 2012 年中国经济增长预期由此前的 9.1% 下调至 8.25%，复杂多变的国内外形势，让中国经济会出现大幅回落的说法再次响起，但是李朴民认为中国经济平稳较快发展势头不会改变。

（2012 年 2 月 9 日央视《新闻联播》）

训练提示：这条新闻内容积极，令人振奋，整篇稿件体现了欲扬先抑的特点，在播报时要仔细分析新闻内在语，体现一定的态度与分寸，语言以叙述为主，语气平实，重点段落语势扬起，体现一种坚定的、令人鼓舞的情感态度。用声不靠前也不靠后，注意语流顺畅，重音少而精。特别处理好有数字的段落，力求播报清晰，准确无误。

◇例稿 2.6

江苏：多措并举助力农民增收

江苏省提出，未来五年全省农民人均收入将实现翻番，农民增收的潜力在哪里？收入倍增将如何实现？带着这些问题，本台记者来到江苏农村进行采访。

一片小小的叶子能卖到 7 分钱，泰州市夏徐村的刘根新去年就是靠这种新种植的经济作物紫苏叶，收入有了很大的变化。

刘根新说，以前一亩地种植传统作物也就三四千块钱收入。怎样把收入提上去过去一直困扰着他们。

这些温室大棚是去年刚刚修建成的，在采访中很多村民告诉我们，他们收入的变化就是从这些大棚建成后开始的。

刘根新说，建大棚的钱是他们自己出的，政府部门出钱修建了道路、沟渠、供电等基础设施。把大棚建起来，收入就能上去吗？当地农业部门的负责人告诉记者，事情没那么简单。

为了调整种植结构，农技专家经常来培训，农业气象、科技服务站也建起来了。不断增加的农业现代化设施、不断增加的农业科技服务，就是这一个个“增”字，增出了农民收入提高的潜力。而在相邻的大丰市，在采访中，很多村民给记者说的却是一个“减”字，在草堰镇医院，村民肖永明说，这两年他们看病的支出越减越少。

而为了这减少的10%，大丰市建立了医疗信息公开平台，降低了药价和各项医疗费用。把现代农业带来的效益增上去，把农民的各项负担减下去，增减之间，农民增收的潜力越来越大。按照规划，到2017年，江苏省农民年人均收入将达到近2万元，实际增长将达到10%以上。

◇例稿2.7

内蒙古：科技创新增强传统产业后劲

煤炭、钢铁等一直是内蒙古的支柱产业。如今创新科技手段的运用，让这些传统产业增添了新的发展后劲。

这套去年底刚投入使用的采煤液压支架系统，是神华神东煤炭集团与相关科研单位共同研发的。有了这套系统，采煤工作面由过去的5.5米提高到7米。

不仅采煤率明显提高，他们还引入国内最先进的全自动采煤系统，仅一个矿井就减少80多名员工。

依靠科技创新，内蒙古许多像煤炭这样的传统产业"提质增效"。在包钢，他们生产的风电用钢技术指标大大高于国家标准。

这2%每年能给企业带来上千万元的效益。2011年内蒙古在工业科技创新上的投入超过百亿元，比上年增加了一倍多。全区规模以上工业增加值同比增长19%，比全国平均增速高5.1个百分点。

（2012年2月9日央视《新闻联播》）

【任务拓展】

一、请将例稿进行重新编排，播音、制作成一期新闻播报节目音频作品，时长5分钟。

二、请以城市居民消费热点为题材，以小组为单位采访、编辑、撰写两条经济新闻，提交采访策划、新闻文稿，根据策划制作、播出一期《经济新闻》节目，要求稿件编排合理，体现恰当的播报态度与分寸，时长4分钟。

【思考测验】

一、如何理解经济、科教新闻播报的态度与分寸？

二、结合自己的做法谈谈课后如何进行经济、科教新闻播报的训练，交流学习方法。

【评价方法】

考核表

<table>
<tr><th rowspan="2">考核模块</th><th rowspan="2">考核内容</th><th rowspan="2">考核方式</th><th rowspan="2">考　核　点</th><th rowspan="2">分值</th><th colspan="4">评　分　标　准</th></tr>
<tr><th>优
90～100分</th><th>良
75～89分</th><th>及格
60～74分</th><th>不及格
0～59分</th></tr>
<tr><td rowspan="3">（一）知识与技能目标</td><td>1. 对所学经济、科教新闻播报态度分寸理论知识进行回顾，总结。</td><td>理论测验</td><td>1. 准确说出经济、科教新闻播报态度与分寸处理的重要性。</td><td>10</td><td colspan="4"></td></tr>
<tr><td>2. 对一组经济、科教新闻例稿进行播报。</td><td>技能训练</td><td>2. 掌握经济、科教新闻播报的态度与分寸控制的方法；
3. 基调正确、重点突出
4. 感情充沛、态度鲜明；
5. 语音规范、播报规整流畅。</td><td>20</td><td colspan="4"></td></tr>
<tr><td>3. 自选素材，策划一期经济、科教新闻播报节目，并采访、编辑、播音、制作成播报节目视频成品，时长5分钟。</td><td>作品评审</td><td>6. 运用经济、科教新闻播报的态度与分寸控制的方法播报经济、科教新闻；
7. 节目导向、播音基调正确，重点突出；
8. 语音规范、语言规整、播报流畅；
9. 态度鲜明；语义清晰、节奏明快；
10. 策划、文稿、稿签齐全节目编排合理、制作精良。</td><td>50</td><td colspan="4"></td></tr>
<tr><td>（二）过程与方法目标</td><td>4. 合作完成节目成品的过程表现。</td><td rowspan="2">综合评价</td><td>1. 能够获取、搜集、整理信息，甄选有价值信息；
2. 能够制定、实施工作计划；
3. 能够分析、发现、解决问题；
4. 具有理论知识的运用能力；
5. 能及时完成工作任务。</td><td>10</td><td colspan="4"></td></tr>
<tr><td>（三）情感、态度、价值观目标</td><td>5. 出勤纪律、工作态度。
（违反第一条，10分全无）</td><td>1. 遵守工作纪律，自我约束力强，不迟到、早退、旷课；
2. 有职业道德与社会责任感；
3. 有较强的新闻敏感性，有一定的新闻工作者人文关怀意识；
4. 语言沟通能力、组织协调能力强，能够与团队成员团结协作，共同完成工作任务；
5. 能够实事求是完成工作评价，给出合理分值。</td><td>10</td><td colspan="4"></td></tr>
<tr><td colspan="9">自我评分（20%）＋小组评分（30%）＋教师评分（50%）／总分：</td></tr>
<tr><td>改进建议</td><td colspan="8"></td></tr>
</table>

任务4　经济、科教新闻播报综合训练

【学习目标】

一、巩固经济、科教新闻播报的定义、播报特点、语言特征、态度与分寸控制等理论知识。

二、熟练掌握经济、科教新闻播报的技巧与方法。

三、熟练运用经济、科教新闻播报的备稿方法、语言特征、态度分寸以及播报技巧进行较大容量的经济、科教新闻播报。

【课堂训练】

◇例稿 2.8

一组简讯

●明天零点起下调国内成品油价格

从5月10号零点起，国内汽柴油价格每吨将分别降低330元和310元。测算到零售价格，90号汽油和0号柴油，全国平均每升分别降低0.24元和0.26元。

●我国已拥有有效专利274万件

国家知识产权局最新发布，截至2011年底，我国有效专利共计274万件，其中有效发明专利数量达到69.7万件，同比增长23.4%。

●营养餐应急事件发生须2小时内报告

《农村义务教育学生营养改善计划应急事件处理暂行办法》今天施行，办法规定，一旦发生重大应急事件，学校必须在2小时之内向相关部门进行报告。

●西藏首个农业机械化示范县项目启动

随着由山东省援助的340多台套拖拉机、播种机等农机设备在西藏白朗县投入春耕生产，西藏第一个农业机械化示范县项目日前全面启动，计划用五年时间实现白朗县平原地区农业机械化。

（2012年5月9日央视《新闻联播》）

●人社部启动万名专家服务基层计划

从今年开始的连续5年里，人力资源和社会保障部将组织3万名专家深入到全国县级以下单位、广大农村，面对面地帮助基层中小企业、农户解决关键性技术难题，推广新技术、新品种，为基层培养急需的专业技术人才。

●淡水河谷进中国铁矿石现货交易平台

今天，全球最大的铁矿石生产和出口商巴西淡水河谷公司在青岛与北京国际矿业权交易所签署协议，正式加入中国铁矿石现货交易平台。淡水河谷的加入，将使这个现货平台形成的价格更加公开、透明、权威。

●ARJ21－700完成全部研发试飞工作

我国自主研制的喷气式支线客机ARJ21－700日前完成全部研发试飞工作，进入审定试飞阶段。在完成持续一年左右的审定试飞后，就可以取得型号许可证，投入商业运营。

（2012年4月17日央视《新闻联播》）

◇例稿2.9

一组简讯

●部分进口物品税率今起调整

海关总署发布公告，从今天开始，适当调整部分进口物品的完税价格和税率，大部分高端滋补品及化妆品的完税价格上调，而一些电子、摄像产品的税率有所下降。入境旅客仍可免税携带价值人民币5000元的自用物品。

●第111届广交会今天开幕

第111届中国进出口商品交易会今天在广州开幕，本届展会共设展位59400多个，比上届增加720个，来自境内外的24600多家企业参展，比上届略有增加。本届展会继续设立进口展区，展位数也有增加。

（2012年5月2日央视《新闻联播》）

◇例稿2.10

一组简讯

●中韩自贸区协定谈判正式启动

中韩两国今天在北京联合宣布：正式启动中韩自由贸易区协定谈判。谈判涉及货物贸易、服务贸易、知识产权、投资等领域。目前，中国是韩国第一大贸易伙伴，韩国是中国第三大贸易伙伴。

●大亚湾实验组发现新的中微子振荡

中科院高能所牵头的大亚湾中微子实验组宣布发现了中微子第三种振荡模式，这一成果已在国际权威专业期刊《美国物理评论快报》正式出版，对解释“反物质消失之谜”、理解宇宙的起源有着关键作用。

●全国兵役登记工作全面展开

全国适龄青年兵役登记工作今天全面展开。登记对象为2012年12月31日前年满18周岁的男性公民，如本人愿意或根据需要，年满17岁的应届高中毕业生也可登记。登记将于6月30日结束。

●青海品牌商品在山东济南推介

2012青海品牌商品济南推介会今天开幕，青海省138家品牌商品生产企业、1570种特色产品亮相齐鲁大地。青海省实施品牌战略以来，已相继在北京、上海、成都举行了商品推介会。

●嫦娥三号转入正样研制2013年发射

记者从国防科工局获悉，我国探月工程二期嫦娥三号任务取得重大进展，工程五大系统均顺利通过阶段评审，任务正式由初样研制转入正样研制阶段。嫦娥三号月球探测器计划于2013年发射，将实现我国首次在地外天体上的软着陆。

（2012年4月15日央视《新闻联播》）

◇例稿2.11

一组简讯

●我国成为世界风电第一大国

国家电网最新数据显示，目前我国风电并网规模达5258万千瓦，建成风电并网线路2.53万公里，已成为世界第一风电大国。

●五部门警示“高额消费返利”类网站

公安部等五部门今天发布提示：警惕“高额消费返利”类网站骗局。这类涉案网站以高额返利或回报为诱饵，按层级发展会员、加盟商等，收取巨额佣金。

●教育部：力争明年每所学校配保安

教育部今天表示，力争在2013年每所中小学幼儿园配备1~2名保卫人员，并要求开学后全国中小学要集中进行安全教育，每学期至少开展一次安防应急演练。

●北京中心城区实施直升机急救演练

今天北京110、120、119等多部门联动，首次在中心城区进行直升机抢救重伤员的模拟演练，经测算这次低空转运比路面救援节省近3倍时间。

（2012年8月17日央视《新闻联播》）

◇例稿2.12

人工湿地 让工业园拥有一片“绿肺”

污水进去，清水出来。人工湿地就是模仿自然湿地的生态功能，用生物技术处理污水。天津、海南在改善环境的过程中，引入人工湿地，让绿色生态成为城市、乡村发展的新动力。

这个总面积60多万平方米的湿地公园，位于天津滨海新区临港经济区中心位置，200多万株植物构成了一套天然的污水处理系统。工业区企业排放的污水在经过初步处理后，不再排入渤海，而是进入生态湿地系统，通过植物根系吸附有机污染物，每天可净化周围企业排放的污水1.75万吨。

实际上，和传统企业污染后再治理的方法不同，天津滨海新区临港经济区还未招商，整个区域的生态配套建设就已提前启动。首期生态绿化投入近3个亿，占园区现有面积的近四分之一，预计每年可以减少化学需氧量350吨、氨氮排放量116吨。

良好的生态环境，吸引了19个新项目在今年上半年落户临港经济区，形成了装备制造、现代服务业等新兴产业集群，宜居生态港口新城初具规模。

与天津建设大面积的湿地公园改善生态环境不同，海南省由于村庄分散，污水排量少，如果建处理厂成本较高，当地就在全省乡村推广小型人工湿地，并创新出一户一块、多户一块等分片收集、分块处理污水的模式。

在琼海市万泉镇沐皇村，一块20平方米的湿地，可以收集附近10户人家产生的污水。

在海南省人工湿地建设中，中央投入资金7900多万元，地方财政再拿出3900多万元。目前，已建设人工湿地污水处理的项目59个，日处理生活污水近3万吨，并培训了一批专业操作员管理湿地。

（2012年8月12日央视《新闻联播》）

◇例稿2.13

航天固体动力：从“国防”到“登天”

从东方红一号到神舟九号，从战术导弹到战略导弹，航天固体动力技术不仅提升了我国的科技硬实力，也赢得了世界的认可。

这是我国第一代潜射固体战略导弹“巨浪一号”试射成功的场景，这一突破不仅意味着中国拥有二次核打击的能力，也表明我国已经掌握大型固体动力的核心技术。

固体动力技术一直被国外封锁，自力更生成了中国人唯一的选择。经过几代人的努力，如今，我国自主研制的固体动力发动机已经装备在海陆空等各型导弹武器中。

在神舟九号发射时，火箭头顶这个装置，叫做逃逸塔。瞬间产生70多吨推力，依靠的就是固体动力技术。它也是载人火箭的关键技术，当时掌握这项技术的只有俄罗斯和美国。1995年，我国研制的第一台逃逸发动机诞生。

首次试车失败，但设计团队没有就此认输。4年之后，中国人自己研制的首个逃逸塔终于成功。

从神舟一号到神舟九号，逃逸塔已经完成了九次载人航天任务。未来，我国固体动力技术还将不断发展，为国防、航天等尖端领域提供更强劲的动力。

（2012年8月12日央视《新闻联播》）

◇例稿2.14

嫦娥二号700万公里深空探测小行星

国家国防科技工业局今天宣布，嫦娥二号于2012年12月13日16时30分09秒成功受控飞抵距离地球700万公里的深空，与“图塔蒂斯”小行星以每秒10.73公里的速度擦身而过，两者最近时仅相隔3.2公里。交会过程中，嫦娥二号获取了世界上首批对“图塔蒂斯”小行星的近距离光学影像。

此次任务的完成不仅标志着我国成为世界上第四个探测小行星的国家，同时也标志着嫦娥二号任务完美收官。未来，嫦娥二号将飞向更远的深空。

（2012年12月15日央视《新闻联播》）

◇例稿2.15

我国每百户家庭拥有18.6辆小汽车

国家统计局16日发表的一份经济社会发展成就报告称，十六大以来，我国居民消费从生存型向发展型转变。以汽车和旅游为例，2011年底，城镇居民家庭平均每百户拥有家用汽车18.6辆，比2002年底增加了17.7辆；2002至2011年，国内旅游人数从2002年的8.8亿人次增加到2011年的26.4亿人次。报告最后强调，我国结构调整已迈出了令人欣喜的步伐，展望未来，转变发展方式之路依然任重道远。

（2012年8月16日中国广播网消息）

◇例稿2.16

幼儿园收费标准近期有望公布

记者昨日了解到，北京正在研究制定幼儿园收费管理办法，有望于暑期后入园前公布。

据了解，为规范幼儿园收费行为，保障受教育者和幼儿园的合法权益，2011年

12 月 31 日，国家发展改革委、教育部、财政部出台《幼儿园收费管理暂行办法》，针对幼儿园收费方面存在的突出问题，进行了明确和规范，并要求各省市价格、教育、财政部门制定具体实施细则。为此，市教委、市发改委、市财政局于近日组织召开了专家学者座谈会。

国家多部委出台的《幼儿园收费管理暂行办法》共 24 条，主要在以下几个方面作了规定：一是统一收费项目，明确幼儿园对入园幼儿仅可收取保育教育费、住宿费和代办服务性收费。二是提出了幼儿园收费审批的原则、程序、收费标准制定成本列支范围等要求。

《办法》要求加强收费公示，要求幼儿园通过设立公示栏、公示牌、公示墙等形式，向社会公示收费项目、收费标准等相关内容；招生简章要写明幼儿园性质、办园条件、收费项目和收费标准等内容。严禁幼儿园以任何名义向入园幼儿家长收取赞助费、捐资助学费、建校费、教育成本补偿费等与入园挂钩的费用，严禁以开办实验班、特色班、兴趣班、课后培训班和亲子班等特色教育为名向家长另行收取费用。

（2012 年 8 月 17 日中国广播网消息）

◇例稿 2. 17

9 月起婴儿配方食品等三类制品禁止添加牛初乳

牛初乳是一种奶粉，从它一上市开始，社会就对此非常关注。但是，最近一些疑似牛初乳导致的食品安全问题陆续浮出水面。

国家食品安全风险评估中心研究员严卫星在日前卫生部召开的新闻发布会上指出，婴儿配方食品、较大婴儿和幼儿配方食品、特殊医学用途婴儿配方食品这三类食品，严禁加入牛初乳。据介绍，目前，牛初乳未列入我国婴幼儿配方食品标准及相关标准中，国际上也未允许牛初乳添加到婴幼儿配方食品中。

中国疾病预防控制中心营养与食品所研究员杨月欣也指出，9 月 1 日起这三类制品中不能加入牛初乳，其他食品中可以添加牛初乳。

（2012 年 8 月 17 日中国广播网消息）

【任务拓展】

一、自选教材中的例稿件进行重新编排，上镜播音，并制作成新闻播音节目成品。

图1　招聘新闻

二、请根据以上漫画素材，以小组为单位采访、编辑、撰写一条教育新闻，再从网上搜索资料，并编辑经济、科教新闻各三条，完成《新闻在线》节目策划及文稿。

根据策划，制作、播出一期《新闻在线》节目，要求编排合理，运用播报技巧，体现经济、科教新闻播报的语言特点，把握正确的播报态度。

【评价方法】

经济、科教新闻播报单元综合训练考核表

<table>
<tr><th rowspan="2">考核模块</th><th rowspan="2">考核内容</th><th rowspan="2">考核方式</th><th rowspan="2">考　核　点</th><th rowspan="2">分值</th><th colspan="4">评　分　标　准</th></tr>
<tr><th>优
90～100分</th><th>良
75～89分</th><th>及格
60～74分</th><th>不及格
0～59分</th></tr>
<tr><td rowspan="3">（一）知识与技能目标</td><td>1. 对所学经济、科教新闻播报理论知识进行回顾，总结。</td><td>理论测验</td><td>1. 准确说出经济、科教新闻的定义、播报特点、语言特征、态度分寸。</td><td>10</td><td colspan="4"></td></tr>
<tr><td>2. 对例稿2.1～2.10进行播报，依据所给例稿，策划一期经济、科教新闻播报节目，完成上镜播音，并制作成播音节目视频成品。</td><td>技能训练</td><td>2. 熟练掌握经济、科教新闻播报的技巧与方法；
3. 语音规范、播报流畅；
4. 叙事清晰、新鲜感强；
5. 节目编排合理、主题突出。交流自然，对象感强。</td><td>20</td><td colspan="4"></td></tr>
<tr><td>3. 以小组为单位，根据漫画素材主题策划一期科教新闻播报节目，并合作采访、撰稿、编辑、播音、制作成完整的科教新闻播报节目视频成品。</td><td>作品评审</td><td>6. 能够熟练运用经济、科教新闻播报的备稿方法、语言特征、态度分寸以及播报技巧进行较大容量的经济、科教新闻播报；
7. 节目导向、基调正确，重点突出；
8. 语音规范、播报流畅；
9. 态度鲜明、语义清晰、简洁明快；
10. 策划、文稿、稿签齐全，节目编排合理、制作精良。</td><td>50</td><td colspan="4"></td></tr>
<tr><td>（二）过程与方法目标</td><td>4. 合作完成节目成品的过程表现。</td><td rowspan="2">综合评价</td><td>1. 能够获取、搜集、整理信息，甄选有价值信息；
2. 能够制定、实施工作计划；
3. 能够分析、发现、解决问题；
4. 具有理论知识的运用能力；
5. 能及时完成工作任务。</td><td>10</td><td colspan="4"></td></tr>
<tr><td>（三）情感、态度、价值观目标</td><td>5. 出勤纪律、工作态度。
（违反第一条，10分全无）</td><td>1. 遵守工作纪律，自我约束力强，不迟到、早退、旷课；
2. 有职业道德与社会责任感；
3. 有较强的新闻敏感性，有一定的新闻工作者人文关怀意识；
4. 语言沟通能力、组织协调能力强，能够与团队成员团结协作，共同完成工作任务；
5. 能够实事求是完成工作评价，给出合理分值。</td><td>10</td><td colspan="4"></td></tr>
<tr><td colspan="9">自我评分（20%）+ 小组评分（30%）+ 教师评分（50%）/总分：</td></tr>
<tr><td>改进建议</td><td colspan="8"></td></tr>
</table>

项目三　娱乐、体育新闻播报

任务1　娱乐、体育新闻播报的备稿

【课前热身】

一、复述以下新闻。

二、注意新闻内容清晰流畅，语言简洁明快。

三、配合适当的副语言。

《2012 我要上春晚特别节目——直通春晚》今晚我台播出

央视网消息(《新闻联播》)：《2012 我要上春晚特别节目——直通春晚》今晚 21 点 10 分在我台综艺频道举行首场直播，来自全国 12 档综艺节目的 36 位人气选手集中亮相。从今天起他们将进行 9 轮比拼，胜出的前三名将登上 2013 年央视春晚的舞台。此举是我台“开门”办春晚的一次创新。

（2012 年 11 月 4 日央视《新闻联播》）

【学习目标】

一、了解娱乐、体育新闻的含义。

二、掌握娱乐、体育新闻的播报特点及备稿方法。

三、运用备稿方法对一组娱乐、体育新闻进行播报前的准备。

【情境导入】

达子同学在电视台实习的时候，把自己做的娱乐消息播报的样片作为自荐作品交给制片人，得到反馈的意见是：感觉像播报时政新闻。达子很苦恼，她觉得自己已经很努力地在表现了。

你认为达子同学的问题主要出在哪里？娱乐、体育类新闻播报有什么特点？应该如何准备？

【重点解析】

一、娱乐、体育新闻定义

娱乐、体育新闻指新闻媒介发布的新近发生的娱乐性事实或与体育运动有关的事实的报道。

娱乐新闻：从文化新闻中分离出来，把报道范围划定在娱乐圈、演艺圈内，并把影、视、歌、模等演艺明星作为报道主角。

体育新闻：体育新闻是传播人类体育运动、健身活动及其相关的一些信息，专业性强，张扬人类向自身的极限挑战、不断战胜自我、超越自我、追求自身的至善至美的人文精神。

二、娱乐、体育新闻播报特点

娱乐新闻播报节奏较快，语言有跳跃感，富有感染力，副语言运用灵动，表现形式较为活泼。比如央视电影频道的《中国电影报道》、光线传媒的《娱乐现场》等。

体育新闻播报节奏感强，语速较快，语言专业性强，富有活力与激情。比如央视体育频道的《体育新闻》。

三、娱乐、体育新闻的备稿

在进行娱乐、体育新闻播报前必须进行备稿，要求分析稿件准确，备稿“六步”齐全，认真写出分析笔记。

【课堂训练】

一、娱乐新闻

◇例稿 3. 1

电影《桃姐》叫好又叫座

文艺片在影院常常面临“叫好不叫座”的尴尬境地，但许鞍华这次终于可以扬眉吐气了——她执导的电影《桃姐》8 日上映，以 1300 万票房成为当天的票房冠军。

《桃姐》去年 9 月在威尼斯电影节首次亮相，就获得了媒体和影评人的一致好评，女主角叶德娴也凭借该片获封威尼斯影后，但发行方并没有“趁热打铁”当时就在内地上映，原因是国际电影节的奖项现在对票房的刺激作用已经微乎其微，他们希望用口碑的累积发酵来催化票房。去年 11 月底的台湾金马奖颁奖典礼上，《桃姐》又拿下“最佳导演”、“最佳男主角”和“最佳女主角”三项大奖。

《桃姐》将视角定格在一个老年女佣身上，家佣和少爷的主仆情，老人院的人生百态，对香港电影界的自嘲，一系列元素缓缓铺陈，娓娓道来，讲述了一个关于爱、尊重以及尊严的故事。很多看完《桃姐》的观众都说这是一部毫不喧哗的作品，它不靠精巧的情节取胜，而是用大家都能体会的情感吸引你。

（2012 年 5 月 1 日央视电影频道《中国电影报道》）

◇例稿 3.2

英国传奇纪录片《七年》登陆央视

央视 9 套纪录频道上周末播出 3 集英国纪录片《七年》(49Up，又译：49 未知天命)，以独特的视角和长达 48 年的拍摄历程，引发不少中国观众的关注。该片以 7 年为一个单位，用影像写下 14 个英国普通孩子的《时间简史》。

依纪录频道的播放惯例，据说该片很快就会安排在周末时段重播，错过首播的观众到时可以留意，而且已有 DVD 碟片上市了。有人说看《七年》，就像参加七年一届的同学会。也有人认为，做这样的纪录片，简直就是不怀好意——每一个黑白电影里的萌小孩终将被发胖、唠叨的中年人取代。其实光看片中上世纪 70、80 年代那些甲壳虫、嬉皮士、庞克的人物造型变化，就已经是一部饶有味道的时尚编年史。事实上，导演迈克尔·艾普泰德本身就是一个传奇，他的经典作品还包括《007 之黑日危机》、《迷雾森林十八年》以及《纳尼亚传奇 3：黎明踏浪号》。

（2012 年 8 月 16 日央视电影频道《中国电影报道》）

训练提示：通过对《中国电影报道》节目口播内容的模仿播报练习，体会娱乐新闻播报的语速、表现方式，了解娱乐新闻播报的特点。播报时应注意语言亲切随和，播报状态热情大方，具有感染力，把握好与观众沟通交流的状态。

在熟悉稿件时要认真体会和区分娱乐新闻与时政新闻、民生新闻不同的播报方式，并通过练习不断强化。检验同学们播报时对每条新闻的理解程度，做到叙事清楚、有感染力。

二、体育新闻

◇例稿 3.3

纳什签约湖人

北京时间 7 月 5 日，在德隆·威廉姆斯确定留在篮网之后，又一个控卫的去向已经确定，那就是多家球队打破头在争夺的史蒂夫·纳什。目前，据《亚利桑那体育》证实，纳什已经被交易到了湖人，下赛季将和科比·布莱恩特搭档。

很快所有美国权威媒体都再三核实，太阳和湖人之间的交易已经完成，纳什将通过先签后换的方式加盟湖人。而湖人付出的，是 4 个选秀权，2013 年、2015 年的首轮选秀权，2013年和2014年的次轮，以及300万现金和890万交易特例。有消息人士透露说，"这笔交易完全是意料之外的，湖人的这个举动能迅速让自己重返冠军争夺者的行列。"

实际上，除了湖人之外，尼克斯也一直试图说服太阳跟他们先签后换。但据称，纳什本人对加盟尼克斯兴趣并不大。而且，选择湖人意味着离家更近，他可以相对方便的照顾自己的三个孩子。身为两届MVP，同时也是史上最强控卫之一的纳什，此番加盟湖人还做出了一番牺牲。因为先签后换，纳什得到的合约大致是3年2700万美金，和其他球队给他的报价还是差别明显的。

（2012年7月5日央视体育频道《体育新闻》）

◇例稿3.4

中国体育代表团伦敦奥运创佳绩

北京时间8月12日，中国代表团伦敦奥运会总结大会在奥运主新闻中心新闻发布厅举行，中国代表团团长刘鹏、副团长段世杰、杨树安、肖天、蔡振华，秘书长蔡家东，以及主持人张海峰出席了本次中国奥运代表团发布会。在发布会开始，中国代表团团长刘鹏对本次中国健儿在伦敦的奥运会上的表现进行了总结。中国体育代表团圆满完成了各项参赛任务，发扬了奥林匹克精神，加深了与各国各地区各代表团友谊，取得境外参加奥运会最好成绩。中国代表团共获得38枚金牌，27银牌，22铜牌，奖牌总数87枚，金牌榜第二和奖牌榜第二，创6项世界纪录，6项奥运纪录。

（2012年8月12日央视体育频道《体育新闻》）

训练提示：通过对《体育新闻》节目口播内容的模仿播报练习，体会体育新闻播报的语速、表现方式，了解体育新闻的播报特点。播报时应注意语速偏快，播报节奏感强，语言专业性强，有激情、富有活力，把握好与观众沟通交流的状态。

在熟悉稿件时要认真体会和区分体育新闻与时政新闻、民生新闻不同的播报方式，并通过练习不断强化，做到叙事清楚、有感染力。

【任务拓展】

一、选择例稿中的一组娱乐、体育新闻进行重新编排，注意稿件前后顺序编排的合理性，运用备稿"六步"方法对其中一条稿件进行分析，写出分析笔记。

二、根据例稿，撰写一期5分钟的娱乐、体育新闻播报节目策划文案（含策划、消息文稿），并播音、制作成一档完整的播报节目成品。

【思考测验】

一、如何播报好一期娱乐、体育新闻节目？

二、娱乐、体育新闻的播报特点与其他类型的新闻播报有何不同？

【评价方法】

考核表

<table>
<tr><th rowspan="2">考核模块</th><th rowspan="2">考核内容</th><th rowspan="2">考核方式</th><th rowspan="2">考　核　点</th><th rowspan="2">分值</th><th colspan="4">评　分　标　准</th></tr>
<tr><th>优
90～100分</th><th>良
75～89分</th><th>及格
60～74分</th><th>不及格
0～59分</th></tr>
<tr><td rowspan="3">（一）知识与技能目标</td><td>1. 对所学娱乐、体育新闻播报理论知识进行回顾，总结。</td><td>理论测验</td><td>1. 准确说出娱乐、体育新闻的定义、播报特点、备稿方法。</td><td>10</td><td colspan="4"></td></tr>
<tr><td>2. 对娱乐新闻例稿《电影桃姐叫好又叫座》、体育新闻例稿《中国体育代表团伦敦奥运创佳绩》进行现场播报。</td><td>技能训练</td><td>2. 掌握娱乐、体育新闻的播报特点及备稿方法；
3. 播报语音标准规范、节目对象感强；
4. 播报语言富有节奏感、新鲜感强；
5. 播报状态积极，感染力强。</td><td>20</td><td colspan="4"></td></tr>
<tr><td>3. 以小组为单位，策划、采访、撰稿、编辑、播音并制作一期娱乐、体育新闻播报节目。时长5分钟。</td><td>作品评审</td><td>6. 能够运用娱乐、体育新闻的备稿方法对娱乐、体育新闻进行播报前的准备；
7. 策划、文稿、稿签齐全；
8. 节目导向、基调正确，重点突出；
9. 语音规范、播报活泼、有激情；
10. 节目编排合理、制作精良。</td><td>50</td><td colspan="4"></td></tr>
<tr><td>（二）过程与方法目标</td><td>4. 合作完成节目成品的过程表现。</td><td rowspan="2">综合评价</td><td>1. 能够获取、搜集、整理信息，甄选有价值信息；
2. 能够制定、实施工作计划；
3. 能够分析、发现、解决问题；
4. 具有理论知识的运用能力；
5. 能及时完成工作任务。</td><td>10</td><td colspan="4"></td></tr>
<tr><td>（三）情感、态度、价值观目标</td><td>5. 出勤纪律、工作态度。
（违反第一条，10分全无）</td><td>1. 遵守工作纪律，自我约束力强，不迟到、早退、旷课；
2. 有职业道德与社会责任感；
3. 有较强的新闻敏感性，有一定的新闻工作者人文关怀意识；
4. 语言沟通能力、组织协调能力强，能够与团队成员团结协作，共同完成工作任务；
5. 能够实事求是完成工作评价，给出合理分值。</td><td>10</td><td colspan="4"></td></tr>
<tr><td colspan="9">自我评分（20%　）＋ 小组评分（30%）＋ 教师评分（50%）/总分：</td></tr>
<tr><td>改进建议</td><td colspan="8"></td></tr>
</table>

任务2　娱乐新闻播报

【课前热身】

一、选择新近发生的娱乐新闻事件，个性讲述，发表观点，展开辩论。

二、展开小组间的辩论，要求观点明确，语言流畅，辩论有理有据。

三、尝试围绕“是什么”、“为什么”、“怎么做”展开观点论述，做到有理有据，论述清楚。

四、时长8分钟。

【学习目标】

一、了解娱乐新闻的播报特点。

二、掌握娱乐新闻播报的副语言。

三、运用娱乐新闻副语言技巧进行娱乐新闻播报。

【情境导入】

某电视台娱乐频道来学校招娱乐新闻主播，王静和鸣子都去应聘，也比较顺利地完成了消息节目播报，不同的是王静还加入了一些肢体动作，制片人对王静的整体状态比较满意，确定王静去台里实习。

你认为电视台选择王静实习的理由是什么？娱乐新闻应该如何播报？

【重点解析】

一、娱乐新闻的播报特点

娱乐新闻播报节奏较快，语言有跳跃感，富有感染力，副语言运用灵动，表现形式较为活泼。

二、娱乐新闻的副语言

娱乐新闻播报语气要轻松、欢快，主持词相对口语化。同时也要适当地添加副语言。它给娱乐新闻画面赋予了“点睛之笔”。副语言包括：眼神、面部表情、体态语、服饰、发型等。副语言传播渲染着整个电视新闻节目的氛围，体现其整体的基调，在整档电视新闻节目中起着不容忽视的重要作用。

可学习借鉴央视电影频道的《中国电影报道》等节目。

【课堂训练】

◇例稿 3.5

2012 年湖南娱乐频道 3 月 8 日《娱乐急先锋》口播稿节选

关关：自从凭借《奋斗》里的米莱一炮而红之后，王珞丹在演艺圈里的发展势头就一发不可收拾。

路路：没错，除了接二连三不断有好作品问世外，王珞丹的演技也是稳步提高。最近，王珞丹就和大导演陈凯歌一起出席了某网站举办的微视频大赛评选活动，当起了正宗的评委。

关关：之所以和陈凯歌一起出席这场活动，原因就是王珞丹目前正在拍摄陈凯歌的新片《搜索》。和大导演一起出席活动，王珞丹自然是相当紧张。

路路：好在陈凯歌对王珞丹也是宠爱有加，当天他就一个劲盛赞王珞丹的敬业，并且还曝光了王珞丹演戏的独家秘籍。

关关：刚刚拥有歌手身份的演员杨幂，近日又再次拥有了一个崭新的身份，那就是影视投资人。

路路：没错，连杨幂也要尝试影视制作人了，由她投资的青春偶像剧《中国女孩》近日在北京举办了启动仪式。

关关：都说演而优则唱，唱完之后，自然就是自己当老板了。当天杨幂穿着相当成熟，俨然一副大老板的样子。一起去看一下。

◇例稿 3.6

史上最盛大的猫王周

今年是"猫王"艾维斯普里斯莱逝世 35 周年，大批粉丝正涌进他的长眠地优雅园为他庆祝。随着年岁推移，粉丝对这位摇滚天王的热爱仍丝毫不减。猫王遗孀普莉希拉和女儿丽莎玛莉也现身一年一度的"猫王周"，主办单位预料今年活动会是历年最盛大。为时 9 天的猫王周 8 月 10 日在曼非斯开跑，地点在优雅园的艾维斯普里斯莱大道。活动以可容纳 1200 个席位的空调帐篷为中心，一旁还有保存至今的猫王私人喷射机。"猫王周"的重点还包括在优雅园大门的烛光守夜活动。今年粉丝可以点真的蜡烛，也可透过特别的"猫王周"手机 APP，点燃虚拟蜡烛纪念这位天王。

（2012 年 8 月 16 日央视电影频道《中国电影报道》）

训练提示：通过湖南娱乐频道节目《娱乐急先锋》和央视电影频道《中国电影报道》节目口播例稿的播报练习，体会娱乐新闻播报的节奏和感染力。播报时还应注意情绪饱满积极，具有感染力，并在播报娱乐新闻时加入合适的体态语。

【任务拓展】

一、根据例稿，撰写一期5分钟的娱乐新闻播报节目策划文案（含策划、消息文稿），并播音、编辑、制作成完整的娱乐新闻播报节目成品。

二、以小组为单位，合作策划一期5分钟的娱乐新闻播报节目，要求分工协作，搜集信息材料，编辑、播音、制作成完整的娱乐新闻播报节目成品。

【思考测验】

一、娱乐新闻的播报与其他类型的新闻播报有什么不同？

二、娱乐新闻播报的副语言应该如何把握？

【考核内容与标准】

考核表

考核模块	考核内容	考核方式	考核点	分值	评分标准			
					优 90～100分	良 75～89分	及格 60～74分	不及格 0～59分
（一）知识与技能目标	1. 对所学娱乐新闻播报理论知识进行回顾，总结。	理论测验	1. 准确说出娱乐新闻播报的特点、副语言。	10				
	2. 对娱乐新闻例稿《娱乐急先锋》口播稿进行现场播报。	技能训练	2. 掌握娱乐新闻的播报特征以及娱乐新闻副语言的运用方法； 3. 播报状态积极，副语言灵动； 4. 语音规范、播报活泼跳跃、富有感染力； 5. 节奏轻快、新鲜感强。	20				
	3. 以小组为单位，策划、采访、撰稿、编辑、播音并制作一期娱乐新闻播报节目。时长5分钟。	作品评审	6. 能够运用娱乐新闻的播报特点和灵动的副语言对娱乐新闻进行播报； 7. 策划、文稿、稿签齐全； 8. 节目导向、基调正确，重点突出； 9. 语音规范、播报流畅； 10. 节目编排合理、制作精良。	50				
（二）过程与方法目标	4. 合作完成节目成品的过程表现。	综合评价	1. 能够获取、搜集、整理信息，甄选有价值信息； 2. 能够制定、实施工作计划； 3. 能够分析、发现、解决问题； 4. 具有理论知识的运用能力； 5. 能及时完成工作任务。	10				
（三）情感、态度、价值观目标	5. 出勤纪律、工作态度。 （违反第一条，10分全无）		1. 遵守工作纪律，自我约束力强，不迟到、早退、旷课； 2. 有职业道德与社会责任感； 3. 有较强的新闻敏感性，有一定的新闻工作者人文关怀意识； 4. 语言沟通能力、组织协调能力强，能够与团队成员团结协作，共同完成工作任务； 5. 能够实事求是完成工作评价，给出合理分值。	10				
自我评分（20%）＋ 小组评分（30%）＋ 教师评分（50%）／总分：								
改进建议								

任务3　体育新闻播报

【课前热身】

一、即兴评述“奥运精神”。观点鲜明，层次清晰，语言流畅。
二、语音标准，表达准确，状态积极、恰当。
三、时长3分钟。

【学习目标】

一、了解体育新闻的特征。
二、掌握体育新闻的播报特点。
三、运用体育新闻的播报特点进行体育新闻的播报。

【情境导入】

肖翔同学在电视台实习的时候，有一次给体育新闻配音，由于是自己感兴趣的有关足球方面的消息，所以肖翔有些激动，带入了比较多的个人情感。事后审片时制片人否定了这种配音的语气和方法，肖翔很苦恼，在学校里老师曾经说过在给体育新闻配音时，可以适当地带入情感呀。

你认为肖翔同学的问题主要出在哪里？体育新闻应该如何播报？

【重点解析】

一、体育新闻的特征

在恪守新闻原则，客观地反映体育事实，遵循大众传播规律的基础上，体育新闻逐渐形成了自身区别其他消息传播活动的显著的象征与标志。

体育新闻的特征是以它的报道对象——体育运动为依托，在对体育运动的报道中形成并反映出来的。以竞技运动报道为主、休闲娱乐性、国际性、情感性是体育新闻区别于其他新闻的鲜明特征。正是这些鲜明的特征吸引着受众，使越来越多的人关心体育新闻、观看体育新闻、参与体育新闻的互动。

二、体育新闻播报的特点

体育新闻播报语言节奏快，信息量大，感染力强，播报语言专业性强，有活力，富有激情，客观反映新闻事实的同时，可适当加入情感，契合体育运动的活力与魅力。可学习借鉴央视体育频道的《体育新闻》等节目。

【课堂训练】

◇例稿 3.7

中国游泳队产生新领军人物

当地时间8月12日，2012年伦敦奥运会圆满地拉下帷幕。在本届奥运会中，中国体育代表团一共获得38枚金牌。值得一提的是，中国体育代表团多支队伍在伦敦奥运会中诞生了新的领军人物。中国游泳队在伦敦奥运会中出现了两位新的领军人物——孙杨与叶诗文。肩负众多期望的孙杨在伦敦奥运会中的表现没有让人失望，他在男子400米自由泳决赛中以打破奥运会纪录的成绩获得金牌，用实力证明了自己，也报了在去年世锦赛该项目中负于韩国名将朴泰桓的“一箭之仇”。同时，孙杨也成为了第一位获得奥运会游泳金牌的中国男选手。在此后的男子1500米自由泳决赛中，孙杨再接再厉，以破世界纪录的成绩摘得运动生涯的第二枚奥运会金牌。与孙杨有着同样精彩表现的叶诗文也获得两枚奥运会金牌。在女子400米个人混合泳决赛中，叶诗文成为“黑马”，以破世界纪录的成绩问鼎桂冠。在此后自己的强项——女子200米个人混合泳决赛中，叶诗文优势明显，以打破奥运会纪录的成绩获得金牌，她也成为了第一位在同一届奥运会游泳比赛中获得一枚以上金牌的中国选手。孙杨与叶诗文现在无疑已经是中国游泳队的领军人物。

（2012年8月12日央视体育频道《体育新闻》）

◇例稿 3.8

国际篮联公布各国国家队的最新排名

北京时间8月15日，国际篮联官网网站公布了伦敦奥运会之后各国国家队的最新排名，在奥运会上遭遇五连败的中国男篮排名下滑一位跌至第11名，而美国队继续高居榜首。在伦敦奥运会之前，中国男篮以219.7分排名第十位，法国、俄罗斯、巴西的排名都在中国队之后，但是奥运会之后，排名发生了比较大的变化。

中国男篮在伦敦奥运会上先后输给西班牙、俄罗斯、澳大利亚、巴西和英国，遭遇五连败，并且几乎每场比赛都以惨败收场，最终排名第十二名。奥运会之后中国男篮的积分是199.7，排名下滑一位到第十一位，而在奥运会上有出色表现的俄罗斯队则上升到了第六，法国第八，巴西第九。

伦敦奥运会也是最近十年来中国男篮遭遇的最差一次世界大赛，中国男篮在此前的两届奥运会上中国男篮都进入了前八名，此前两届世锦赛上中国男篮也进入了前16名。伦敦奥运会上，中国男篮无缘前八，也是继2004年雅典奥运会上，中国男篮首次在世界大赛上没有出线，同时也是自1992年巴塞罗那奥运会之后，首次在世界大赛上一场未胜。

（2012年8月15日央视体育频道《体育新闻》）

训练提示：通过《体育新闻》节目例稿进行体育新闻的播报练习，体会体育新闻的节奏、语气、感染力。可适当加入情感，把握好与观众沟通交流的状态。

在熟悉稿件时要认真体会和区分体育新闻与时政新闻、娱乐新闻、民生新闻等不同的播报特点和方式，并通过练习不断强化。

检验同学们播报时对每条新闻的理解程度，做到节奏准确恰当，播报有感染力。尤其注意例稿中的两条稿件的语气截然不同，请同学们在练习的时候加以区别。

【任务拓展】

一、根据课堂训练例稿，撰写一期5分钟的体育新闻播报节目策划文案（含策划、消息文稿），并编辑、播音、制作成完整的体育新闻播报节目成品。

二、以小组为单位，合作策划完成一期5分钟的体育新闻播报节目，要求分工协作，搜集信息材料，编辑、播音、制作成完整的体育新闻播报节目成品。

【思考测验】

一、如何播报好一期体育新闻节目？

二、体育新闻的播报与其他类型的新闻播报特点有何不同？

【评价方法】

考核表

<table>
<tr><th rowspan="2">考核模块</th><th rowspan="2">考核内容</th><th rowspan="2">考核方式</th><th rowspan="2">考　核　点</th><th rowspan="2">分值</th><th colspan="4">评　分　标　准</th></tr>
<tr><th>优
90～100分</th><th>良
75～89分</th><th>及格
60～74分</th><th>不及格
0～59分</th></tr>
<tr><td rowspan="3">（一）知识与技能目标</td><td>1. 对所学体育新闻播报理论知识进行回顾，总结。</td><td>理论测验</td><td>1. 准确说出体育新闻的特征、播报特点。</td><td>10</td><td></td><td></td><td></td><td></td></tr>
<tr><td>2. 对体育新闻例稿《中国游泳队产生新领军人物》进行现场播报。</td><td>技能训练</td><td>2. 掌握体育新闻的特征以及体育新闻的播报特点；
3. 语音规范、语言专业性强；
4. 播报富有激情、节奏明快；
5. 播报状态积极，富有活力。</td><td>20</td><td></td><td></td><td></td><td></td></tr>
<tr><td>3. 以小组为单位，策划一期体育新闻播报节目，并采访、撰稿、编辑、播音、制作成播音节目成品，时长5分钟。</td><td>作品评审</td><td>6. 能够运用体育新闻的播报特点对体育新闻进行播报；
7. 策划、文稿、稿签齐全；
8. 节目导向、基调正确，重点突出；
9. 语音规范、播报流畅；
10. 节目编排合理、制作精良。</td><td>50</td><td></td><td></td><td></td><td></td></tr>
<tr><td>（二）过程与方法目标</td><td>4. 合作完成节目成品的过程表现。</td><td rowspan="2">综合评价</td><td>1. 能够获取、搜集、整理信息，甄选有价值信息；
2. 能够制定、实施工作计划；
3. 能够分析、发现、解决问题；
4. 具有理论知识的运用能力；
5. 能及时完成工作任务。</td><td>10</td><td></td><td></td><td></td><td></td></tr>
<tr><td>（三）情感、态度、价值观目标</td><td>5. 出勤纪律、工作态度。
（违反第一条，10分全无）</td><td>1. 遵守工作纪律，自我约束力强，不迟到、早退、旷课；
2. 有职业道德与社会责任感；
3. 有较强的新闻敏感性，有一定的新闻工作者人文关怀意识；
4. 语言沟通能力、组织协调能力强，能够与团队成员团结协作，共同完成工作任务；
5. 能够实事求是完成工作评价，给出合理分值。</td><td>10</td><td></td><td></td><td></td><td></td></tr>
<tr><td colspan="9">自我评分（20%　）+ 小组评分（30%）+ 教师评分（50%）/总分：</td></tr>
<tr><td>改进建议</td><td colspan="8"></td></tr>
</table>

任务4　娱乐、体育新闻播报综合训练

【学习目标】

一、巩固娱乐新闻和体育新闻播报特点理论知识。

二、熟练掌握娱乐、体育新闻播报的语言特点。

三、加强娱乐、体育新闻"以播为主、兼具采编"的综合训练。

【课堂训练】

◇例稿 3.9

一组文娱新闻

8月14日，上海京剧院的新编代表剧目《廉吏于成龙》在北京长安大戏院唱响，京剧表演艺术家尚长荣和青年老生新秀蓝天的"新老组合"引来北京观众的瞩目。这对"爷孙辈"的对手戏十分默契，演出获得了热烈的掌声和叫好。该剧此次参加的是文化部举办的"2012年全国优秀剧目展演"，8月17日，上海昆剧团的新编剧《班昭》也将登上长安大戏院的舞台，年近七旬的昆剧表演艺术家蔡正仁和张静娴将再次演出这部作品。

喜欢看电视剧的朋友们接下来可有福了，因为最近有两部重头戏同时举行了新闻发布会，一部马上就要跟观众们见面了，而另一部也即将投入开机拍摄。最令人激动的是，有一位很久没有在影视剧作品中出现的大腕明星，再次在剧中担任起了主角。说到这位大腕，绝对是家喻户晓，当年他在主演的电视剧《英雄无悔》中的精彩表演不仅迷倒了无数少男少女，更是令很多"妈妈们"都成为了他的铁杆粉丝。阔别影视圈多年，他的回归一定会令这部新剧增色不少。

首部以盲人为题材的电视剧《推拿》日前在北京举行开机仪式。濮存昕、张国强、李菁菁、王亚彬等一众主演集体亮相。为配合电视剧的主题，当天主创们以红毯加盲道的独特方式出场。别具匠心的设计还令李菁菁有点不适应，险些在红毯上摔倒。从剧名就可以看出，本片主要讲述濮存昕饰演的推拿院老板兼盲人推拿师沙复明的坎坷人生经历，展现了盲人推拿师这一特殊群体在面对艰难生活时的悲欢离合。近几年濮存昕除了参加各种公益活动，主要精力都放在了戏剧舞台上，鲜少有电视作品。而此次加盟《推拿》，濮存昕坦言就是“盲人按摩师”这个角色吸引了他。目前演员们正在积极地为开拍做准备，而对这群“伪盲人”来说，首当其冲的就是要学好如何推拿。

军旅题材大剧《五湖四海》在北京举行首播发布会。《五湖四海》根据真人真事改编，以已故演员傅彪的父亲为人物原型，讲述了在解放战争末期，傅子刚，郑达志等几位不同出身不同性格的年轻人，最终成为亲密战友的故事。

此次饰演傅子刚一角的连奕名，虽然在剧中仍以军人形象示人，却一改以往舞刀弄枪的英雄式风格，转型演起了文戏。偏爱京剧的连奕名还在剧中过足了戏瘾，将角色变成了一个戏迷票友，为该剧润色不少。戏曲科班出身的连奕名唱功自然值得称道，然而该剧另外两位主演张光北、何政军戏曲功底也不输阵，在记者的要求下，两人也现场清唱起来，上演了“戏曲票友大联欢”，现实版的“三个男人一台戏”。

8 月 14 日，由麦兆辉、庄文强执导，梁朝伟、周迅、王学兵领衔主演的电影《听风者》在广州举行盛大庆功宴，6 天 1.5 亿，迎来此类型片的最佳开局。“麦庄”导演以及主演梁朝伟亮相活动现场，王学兵因赶拍新剧《我们的生活比蜜甜》而未能到场，抱憾缺席庆功宴。但王学兵已用自己出色的表演，和电影上映后的超好口碑，为影片票房尽了一份力，更与梁朝伟和周迅形成三足鼎立之势，三人的“秘爱”更成为影片最大看点。编剧麦家更评价到：王学兵告诉我啥叫秘密失恋，因为秘密，失恋的痛苦只能独吞。

（2012 年 8 月 14 日央视电影频道《中国电影报道》）

◇例稿 3. 10

一组体育新闻

上个赛季林书豪的爆发引起了全世界篮球球迷的惊叹，这也让林书豪本人一下子成为了家喻户晓的球员，在刚刚与火箭队签约后，林书豪又成为了沃尔沃汽车全球代言人。

林书豪的篮球生涯并不平坦，但是经过自己的努力以及坚持让他终于迎来了证明自己的机会，在尼克斯队首发出场的 25 场比赛当中，林书豪场均拿下 18.2 分、7.7 次助攻和 3.7 个篮板，这完全是一个 NBA 明星球员的数据，这样的爆发也让他成了全世界篮球媒体的焦点，之前放弃过林书豪的火箭队也早已经开始后悔。“当你犯了一个很明显的错误时，是非常糟糕的事情”，火箭队老板在今夏完成对林书豪的签约时说：“我们当时让他离队就是个错误，我认为我们现在进行了及时的纠正。”林书豪在与火箭队完成签约时就表示自己将带领火箭队去取得更多比赛的胜利。林书豪说："艰辛的经历让我不断进取，不断提高自己是为了实现自己心中的理想，作为一名篮球运动员，我最大的理想是带领球队取得 NBA 总冠军，夺得总冠军戒指。"

中国香港代表团派出了史上最大阵容参与此次全球体育竞技。根据中国香港体育协会暨奥林匹克委员会提供的消息，中国香港代表团派出 42 名运动员，参加伦敦奥运会射箭、游泳、田径、羽毛球、自行车、击剑、体操、柔道、赛艇、帆板、射击、乒乓球、举重等 13 个项目的角逐。其中，帆板、乒乓球、羽毛球和自行车是香港的传统优势项目。

中国香港体育协会暨奥林匹克委员会会长霍震霆表示，这是中国香港代表团参加奥运会人数最多的一次，支持、鼓励香港代表团在伦敦奥运会上取得好成绩。为鼓励中国香港运动员再获佳绩，香港体育学院与一家银行联手设下重奖：凡夺金者，可获 300 万元港币；夺银、夺铜者，可分别获奖 150 万元和 75 万元；团体项目如获奖牌，奖金更高。

北京时间 8 月 12 日，美国男篮以 107 比 100 击败西班牙，从而夺得奥运会男篮金牌。凯文·杜兰特拿下了 30 分 9 个篮板，打破了美国奥运会单届总得分和平均分纪录。勒布朗·詹姆斯得了 19 分 7 个篮板，科比·布莱恩特 17 分。保罗·加索尔为西班牙拿下了 24 分、8 个篮板和 7 次助攻，卡洛斯·纳瓦罗得了 21 分，马克·加索尔 17 分。四年之后，美国和西班牙又一次站到了奥运会的决赛场上。四年前的北京，最后 2 分钟美国只领先 2 分，科比投中关键球，他们最后以 118 比 107 夺回金牌。本届奥运会男篮决赛中，西班牙尽了全力，与美国队携手上演了一场完美的比赛。最终没有失败者，美国得了金牌，西班牙得了银牌，跟四年前一样。

《全田径》公布了最新一期 110 米栏世界排名，在伦敦奥运会预赛中伤退的"中国飞人"刘翔再跌一位，从次席降至第 3，夺冠梅里特依然排名居首，牙买加选手帕切门特飙升 13 位，与罗伯斯并列第 4。

伦敦奥运会已经烟消云散，在这次比赛中几家欢喜几家愁。110 米栏比赛，被亿万中国观众寄予厚望的刘翔在预赛中冲第一个栏时摔倒，受伤出局。而他在今年钻石联赛尤金站跑出超风速平世界纪录后重返世界第一，随后头名位置被梅里特取代，随着奥运会止步预赛，刘翔的积分再减，在最新世界排名中，已跌至第 3。同样悲情的还有罗伯斯，他是以卫冕冠军出战的，在决赛中大腿肌肉拉伤，未能完赛，也未能成为史上第 3 位 110 米栏卫冕冠军。这样的成绩也让他积分受损，最终排在第 4 位。本赛季风头正劲的梅里特凭借着奥运会的出色表现，获得了 42 个积分，排名继续稳居榜首。获得亚军的、去年世锦赛冠军理查德森他最终反超刘翔，排在第 2 位。飙升最快的要数牙买加小将帕切门特了，今年只有 22 岁的他凭借着奥运会的第 3 名，从原先的第 17 位，一下子跃居只第 4，与罗伯斯并列。此外谢文骏也上升 9 位，排在第 38，江帆和史冬鹏分列第 45 和第 52 位。

（2012 年 8 月 12 日央视体育频道《体育新闻》）

训练提示：通过播报《中国电影报道》和《体育新闻》节目例稿，来体会娱乐、体育新闻的语速，感染力，把握娱乐、体育节目的特点。播报时应注意区分娱乐与体育新闻播报不同的播报特点，把握好与观众沟通交流的状态。

在熟悉稿件时要认真体会和区分娱乐、体育新闻与时政新闻、民生新闻等不同的播报特点与方式，并通过练习不断强化。

《中国电影报道》组稿和《体育新闻》组稿的排列顺序都已打乱，请先将这些组稿进行排序，注意稿件前后顺序和编排的合理性。

检验同学们播报时对每条消息的理解程度，做到节奏明快，热情大方，叙事清楚、亲切自然、有感染力。

【任务拓展】

一、对以上新闻例稿进行合理编排，并作上镜播报训练。

二、从中央电视台或其他地方媒体的娱乐、体育新闻中下载素材各三条，口播部分由学生上镜完成，新闻片配音部分自己完成，并制作成一组完整的娱乐、体育新闻播报节目，可采用单独播报或男女搭档对播形式。

三、以小组为单位，策划完成一期校运会、或校园艺术文化节（或当地的文化、体育活动）的新闻播报节目，自选题材，合作采访两条消息（含现场报道），撰稿、编辑，并播音、制作成完整的播报节目成品。

【评价方法】

娱乐、体育新闻播报单元综合训练考核表

<table>
<tr><th rowspan="2">考核模块</th><th rowspan="2">考核内容</th><th rowspan="2">考核方式</th><th rowspan="2">考 核 点</th><th rowspan="2">分值</th><th colspan="4">评 分 标 准</th></tr>
<tr><th>优
90～100分</th><th>良
75～89分</th><th>及格
60～74分</th><th>不及格
0～59分</th></tr>
<tr><td rowspan="3">(一)知识与技能目标</td><td>1. 对所学娱乐、体育新闻播报理论知识进行回顾，总结。</td><td>理论测验</td><td>1. 准确说出娱乐、体育新闻播报的定义、播报特点、语言特征。</td><td>10</td><td colspan="4"></td></tr>
<tr><td>2. 对一组娱乐新闻例稿和一组体育新闻例稿进行播报。</td><td>技能训练</td><td>2. 掌握娱乐、体育新闻的播报特点；
3. 播报语音规范，播报富有节奏感、新鲜感强；
4. 播报节目对象感强；
5. 播报状态积极，感染力强。</td><td>20</td><td colspan="4"></td></tr>
<tr><td>3. 以小组为单位，策划一期娱乐、体育新闻播报节目，并采访、编辑、播音、制作成完整的播音节目成品，时长8分钟。</td><td>作品评审</td><td>6. 能够运用娱乐、体育新闻的播报特点对娱乐、体育新闻进行播报；
7. 策划、文稿、稿签齐全；
8. 节目导向、基调正确，重点突出；
9. 语音规范、播报活泼、跳跃、有激情；
10. 节目编排合理、制作精良。</td><td>50</td><td colspan="4"></td></tr>
<tr><td>(二)过程与方法目标</td><td>4. 合作完成节目成品的过程表现。</td><td rowspan="2">综合评价</td><td>1. 能够获取、搜集、整理信息，甄选有价值信息；
2. 能够制定、实施工作计划；
3. 能够分析、发现、解决问题；
4. 具有理论知识的运用能力；
5. 能及时完成工作任务。</td><td>10</td><td colspan="4"></td></tr>
<tr><td>(三)情感、态度、价值观目标</td><td>5. 出勤纪律、工作态度。
(违反第一条，10分全无)</td><td>1. 遵守工作纪律，自我约束力强，不迟到、早退、旷课；
2. 有职业道德与社会责任感；
3. 有较强的新闻敏感性，有一定的新闻工作者人文关怀意识；
4. 语言沟通能力、组织协调能力强，能够与团队成员团结协作，共同完成工作任务；
5. 能够实事求是完成工作评价，给出合理分值。</td><td>10</td><td colspan="4"></td></tr>
<tr><td colspan="9">自我评分(20%) + 小组评分(30%) + 教师评分(50%) /总分 ：</td></tr>
<tr><td>改进建议</td><td colspan="8"></td></tr>
</table>

项目四　民生新闻播报

任务1　民生新闻播报的备稿

【课前热身】

一、对下列新闻事件进行即兴评述，完成一篇口头小议论文，时长2分钟。

二、要求观点鲜明，表达状态积极，语言流畅。

各地语文课本删除大量经典文章引发争议

随着各地高中新课程改革不断推进，新学期开始，语文教材可以说变化不小，不少经典篇目被从语文课本里删除，像《孔雀东南飞》、《药》、《阿Q正传》、《雷雨》、《背影》等等承载几代人记忆的课文从教材中消失。

同时各地课本也增加了一些新面孔：四川的课本新增了一些有时代气息的文章，像反映"神舟六号"飞船升空的《飞向太空的航程》，反映香港回归的通讯报道《别了，不列颠尼亚》等。江苏语文教材增加了海子、韩少功、曹文轩、周国平等现当代诗人、作家的作品，更加关注人文精神、回归到文学欣赏的本身。广东的教版新版语文课本在国内首次推出"走进经济"单元，收入经济学教授王则柯的《钱》和沈杰《向小康生活迈进的期待》等文章，充分展现广东特色，也扩大了学生的阅读视野。

（2012年3月新浪教育网资讯）

【学习目标】

一、了解民生新闻的含义。

二、掌握民生新闻播报的语言特点。

三、运用民生新闻播报的特点进行民生新闻播报。

【情境导入】

黄东假期在某电视台实习，一直跟着记者跑民生新闻，某天直播前他把当天采访的一条"关于公交车经常抢道，而交警却视而不见的"新闻稿交到主播谢丽的手中，在直播间谢丽根据口播的内容加了一段自己的表达"大马路上车来车往，川流不息，要问这么多车里边谁最牛？我就觉得是：大公共。咱经常能看见人高马大的公交车三下两下就把身边的小车挤到一边去了，所以小车司机最怕大公共。大公共违章的现象也是常见啊，但令人不解的是：其他违章一般都难逃交警的眼睛，而大公共违章却依然大摇大摆、理直气壮”。从谢丽的这段话中可以看出，在她开口说话之前就已经“未成曲调先有情”，把自己当成了老百姓的知心朋友。谢丽轻松幽默的播报状态和精练的点评让黄东很震惊，自己在学校播报新闻都是要依附于稿件，她是怎么做到的呢？

民生新闻有什么特点？该如何进行播报准备呢？

【重点解析】

近年来，民生新闻节目风行全国，各地媒体纷纷推出了自己开办的民生新闻节目。2009 年，央视加大了新闻节目的改版力度，推出了民生直播节目《24 小时》，以一种整体风格轻松自然，内容上关注百姓生计，语言生动、贴近生活，节奏上张弛有度的鲜明风格，赢得了中高文化层次受众的关注和喜爱。各省级媒体也纷纷推出民生节目，例如湖南卫视的《晚间新闻》、安徽电视台的《新闻快报》、江苏电视台的《南京零距离》等民生新闻节目。

一、民生新闻定义

民生新闻，从广义上说它属于社会新闻，从群众日常生活中采制而来，内容上锁定群众的生存状况、生存空间，关注群众的冷暖痛痒、喜怒哀乐，形式上充分利用先进的传播手段，提高新闻的时效性和互动性，拉近了电视与观众的距离。

二、民生新闻播报的语言特点

民生新闻主播不光是播报消息，还要恰当的评论新闻事件。民生新闻播报的最大特点就是节目中穿插了很大比例的主持人评论语言，即个性化的评论语言。而受到文化水平、个人阅历、思维方式、表达习惯等因素的影响，不同的人对于同一事物会有不同的理解和表达，因此不同的民生新闻节目主持人的评论语言有着明显的区别。民生新闻反应的是“平民视角、民生内容、民本取向”，所以要把握口语化、叙事化的播报特点，注意语言亲切随和，把握与观众沟通交流的状态。

三、民生新闻播报的备稿

和其他新闻播报一样，民生新闻播报之前，也要对播出的每一篇稿件深刻理解。播报的态度、情感、语言、技巧都要为宣传目的服务。为了明确宣传目的、把握正确的播音基调，民生新闻播报前必须按照备稿“六步”认真备稿，深入理解，使新闻的播报体现舆论宣传的目的。

【课堂训练】

◇例稿 4.1

打工青年万余工钱当街失落之后

安徽小伙子秦小亮准备回家过年，可就在临行前，他出了个意外。

昨天中午 12 点多，秦小亮骑着电瓶车到银行存 17600 块钱，这样晚上坐大巴回老家，只带银行卡就可以了。路口转弯时，不小心钱从裤子后边的口袋里掉到了地上。百元大钞飘落一地，秦小亮手脚并用忙着捡钱，就在这时，不少路人也开始捡钱，捡完了就跑掉。从监控视频中可以看出，有人把汽车停在路中间，下来捡钱。

不到一分钟时间，散落的大部分现金被别人捡走，只有三位环卫工人交还给他 700 元，加上秦小亮竭尽全力捡回的 3000 元钱，17600 元现金所剩无几。秦小亮随即拨打 110 报了警。警方很快调取了监控录像，联系到了镜头中出现的机动车的车主。

秦小亮租住在一间不到八平米的出租屋里，2011 年底，他 83 岁的父亲来上海做清洁工，每月能挣 1200 元，这一万七千六是父亲一年多的辛苦钱。

秦小亮的钱被别人捡走后，在警方和媒体的帮助下，不少捡钱的人陆续还钱回来。今天凌晨，当时捡到钱的环卫工人下夜班后，来到派出所，归还了捡到的现金总共 2900 元。其中一辆停下车捡钱的车主也向警方表示，他会尽快把捡到的钱送还。现在，已经有 20 位路人归还了 4800 元，加上秦小亮自己捡回的 3000 元，还差 9800 元。

不少好心人在媒体上看到报道后，表示愿意给秦小亮捐款，帮他挽回损失。一位市民还专程赶到派出所，一是给秦小亮作证，二是给他捐款。还有几位不愿接受采访的上海交大的学生给秦小亮打来电话，说会一起凑钱，捐 15000 元给他。

（2013 年 2 月 4 日 CCTV《新闻联播》）

训练提示：在熟悉稿件时要区分民生新闻与时政要闻、体育消息、娱乐消息不同的播报方式，通过模仿训练，认真体会民生新闻把握口语化、叙事化的播报特点，注意语言亲切随和把握与观众沟通交流的状态。

【任务拓展】

一、选择一条例稿写出分析笔记。

二、将例稿策划、编辑成一期民生新闻播报节目，并播音、制作成完整的民生新闻播报节目音频成品。

【思考测验】

一、什么是民生新闻？

二、民生新闻播报的语言特点有哪些？

【评价方法】

考核表

考核模块	考核内容	考核方式	考核点	分值	评分标准 优 90～100分	良 75～89分	及格 60～74分	不及格 0～59分
（一）知识与技能目标	1. 对所学民生新闻播报前的备稿理论知识进行回顾，总结。	理论测验	1. 准确说出民生新闻的定义，民生新闻播报的语言特点和民生新闻的备稿方式。	10				
	2. 对 CCTV《新闻联播》节目《打工青年万余工钱当街失落之后》例稿进行播报。	技能训练	2. 掌握民生新闻播报的语言特点； 3. 写出备稿分析笔记，把握正确的宣传目的； 4. 播报叙事清楚、新鲜感强； 5. 语言亲切随和，把握与观众沟通交流的状态。	20				
	3. 将课堂训练例稿编辑成一期完整的民生新闻播报节目，时长5分钟。	作品评审	6. 能够运用民生新闻播报的特点进行民生新闻播报； 7. 能在播报中体现民生新闻播报的态度与分寸； 8. 播报亲切随和、节目对象感强； 9. 节目导向正确，主题突出； 10. 语音规范、播报流畅。	50				
（二）过程与方法目标	4. 合作完成节目成品的过程表现。	综合评价	1. 能够获取、搜集、整理信息，甄选有价值信息； 2. 能够制定、实施工作计划； 3. 能够分析、发现、解决问题； 4. 具有理论知识的运用能力； 5. 能及时完成工作任务。	10				
（三）情感、态度、价值观目标	5. 出勤纪律、工作态度。 （违反第一条，10分全无）		1. 遵守工作纪律，自我约束力强，不迟到、早退、旷课； 2. 有职业道德与社会责任感； 3. 有较强的新闻敏感性，有一定的新闻工作者人文关怀意识； 4. 语言沟通能力、组织协调能力强，能够与团队成员团结协作，共同完成工作任务； 5. 能够实事求是完成工作评价，给出合理分值。	10				
自我评分（20%）＋小组评分（30%）＋教师评分（50%）/总分：								
改进建议								

任务2　民生新闻播报的评论技巧

【课前热身】

一、对下面新闻事件进行即兴评述，完成一篇口头小议论文。时长2分钟。

二、要求观点正确，语言表达流畅 。

可口可乐山西公司承认生产辅助水误入饮料用水

2012年4月29日，山西省质监局网站发布一则通知，称“针对媒体披露的‘可口可乐山西公司含氯软化水混入部分批次饮料产品’中的问题，质监局认定媒体报道情况属实。同时在调查中，还发现该公司存在个别生产条件不符合相关规定的问题。质监局对可口可乐(山西)公司做出了停产整改的行政处罚”。

可口可乐山西饮料公司回应说，经过进一步的深入调查，我厂确认于2月3日在实施节水项目相关管道改造时，由于操作失误，导致含微量余氯的生产辅助用水进入到饮料生产用水中。经检测，我厂现确认2012年2月4日到8日期间生产的9个批次产品中含极其微量的余氯。我厂特此澄清先前的沟通，并为生产过程中出现的上述问题深表歉意。我们已对造成问题的原因进行了彻底的整改。

（中广网太原2012年4月29日消息）

【学习目标】

一、了解民生新闻播报的特点。

二、掌握民生新闻播报节目短小、灵活、一事一议的特点，以个人身份发表个性化评论的技巧。

三、运用民生新闻一事一议的技巧，对民生新闻进行恰当的点评。

【情境导入】

某电视台向社会招聘《民生聚焦》节目主持人，考场题目是陈述“活熊取胆”事件并进行评论，很多形象气质比较优秀的人都来参与面试。李慧是播音专业毕业的学生，语言流畅，外形气质比较出众，给评委留下了深刻的印象。面试快结束时，进来一位很有个性的余先生，他陈述事件精练到位，语言幽默，评论观点独到，又非常客观理性，令评委眼前一亮。最后经过商议，这位男士被聘成为了《民生聚焦》节目的主持人。

那么如何评论新闻事件，民生新闻节目主持人如何把握评论的角度？民生新闻的点评又有何技巧呢？

【重点解析】

一、民生新闻播报的特点

民生新闻播报的特点是：语言灵活、一事一议，以主播的身份发表理性简洁、直截了当、逻辑严密的个性化评论。

不管是新闻本身的播音还是主持人的演播室评论，既可以着力于挖掘消息背后的意义，并对观众提出指导性的意见；也适合以幽默、调侃的形式进行一家之言式的评论，点到为止，寓庄于谐，努力让观众感觉到这不是一种说教，而是亲戚朋友在唠叨心中的感慨。

二、民生新闻的点评的形式

民生新闻的点评没有固定的程式，对于新闻，民生新闻主持人往往处理成“串联词 + 新闻主体（画面/录音）+ 三言两语的点评”的样式。而电视民生新闻主持人针对消息事件所作的专门评论，往往采用独立成篇的“主持人小言论”，即“串联词 + 事件内容（画面/录音）+ 主持人小言论”。

三、民生新闻播报的评论技巧

1. 把握平民视角

平民视角既是民生新闻节目的观念定位，也是民生新闻主持人的最佳传播策略，更是民生新闻点评的成功之道，它渗透在整个节目的每一个层面。作为地方性的民生新闻栏目，《南京零距离》和《第七日》正是把握住了受众心理特性，把新闻表达重点放在“怎么说”，而不是“说什么”上，让受众主动摄取而非被动接受新闻信息。因此主持人在点评时要注意情感拿捏——无论说什么都应站在老百姓立场，说出老百姓心里话，不是生硬地教化和低俗地责骂。

2. 理性简洁，直截了当

民生新闻主持人在节目中常以一种“冷眼向洋看世界”的方式加工信息，使新闻点评更加理性简洁、直截了当，可谓“一语中的”。主持人将新闻的评说以个人身份或灵活、或轻松、或幽默、或犀利地表达出来。这样的评论看似简单，虽然只是几句家常话，却又不是随意说出的。这要求主持人从平常的事件中提炼出深刻的哲理，把深刻的道理用生活化的、浅显易懂的语言表达出来，同时也更好地使这档节目在社会生活中发挥舆论监督的作用。

3. 幽默形象，深入浅出

民生新闻主持人经常会利用讲故事、打比方的方式，给新闻内容“换个说法”，从小事入手，再由小及大，“深入浅出”地帮助老百姓分析、理解、消化内容背后的未尽之意。要巧妙地运用为老百姓所熟悉的、具有地域特色的口语、土语、俗语和歇后语等“辅助”手段，来配合叙事说理。这样，主持人的语言就不会干涩、呆板、程式了，而内容中那些有待挖掘的意蕴，也变得直白、丰富、鲜活了。

【课堂训练】

◇例稿 4.2

贵阳：无人报摊六年“不差钱”

在贵州贵阳市，有一个由一张桌子、一个鞋盒、一叠报纸组成的简易“无人报摊”。这个无人报摊自从六年前挂出“投币取报”的牌子，至今从未“差过钱”。

这个无人报摊的摊主名叫黄友翠。每天早上，黄友翠从发行站取回报纸后，一部分留在报摊，供过往市民自取自用。另一部分，她要和老伴去上门送报。为了看看这个报摊无人卖报效果如何，记者将摄像机放在附近一个不起眼的地方，悄悄进行拍摄。从早上6点半黄友翠离开到9点送完报纸回来，买报的人都往报摊上的鞋盒里投了钱，碰到整钱，也是自己找零。回到报摊后，黄友翠开始清点鞋盒里的钱。

说起自己为何要摆无人报摊，黄友翠说，她和老伴一直经营着报摊。六年前，有一个上门送报的机会，每月能多赚1000多块钱。如何能二者兼顾呢？黄友翠想了个办法，她从家里拿来鞋盒，在里面放上一些零钱，再把写有“投币取报”的小纸板插到鞋盒里，然后再去送报。不过，无人卖报的第一天，黄友翠还是放心不下。

就这样，连着几天观察以后，黄友翠对无人报摊放心了。她说，这六年来，每次回来清理鞋盒的时候，里面都不差钱。一天下来，记者发现，到这里拿报纸的人，投币取报，对他们来说已经是一种习惯。

主播评论：

这个无人看守的报摊，就像一个无人监考的考场，6年来检验了我们的社会诚信度。用守信响应信任，用善意回报诚意，中国人一向崇尚的君子之道，在当前快速变化的社会转型期，依然保有活力。小小报摊，为准确理解中国人的主流价值观，提供了一个鲜活的案例。

（2012年11月20日CCTV《新闻联播》）

训练提示：通过模仿训练，认真体会民生新闻语言灵活、一事一议，以主播的身份发表个性化评论的特点。注意语言处理深入浅出，理性简洁、直截了当。

【任务拓展】

一、将例稿录制成一期民生新闻播报节目音频成品。

二、以小组为单位，搜集“环保”题材的民生新闻素材，策划、编辑一期 5 分钟的民生新闻播报节目，并播音、制作成完整的民生新闻播报节目音频成品。

【思考测验】

一、民生新闻播报的特点是什么？

二、民生新闻播报的评论技巧有哪些？

【评价方法】

考核表

考核模块	考核内容	考核方式	考核点	分值	评分标准			
					优 90～100分	良 75～89分	及格 60～74分	不及格 0～59分
(一)知识与技能目标	1. 对所学民生新闻播报评论技巧的理论知识进行回顾，总结。	理论测验	1. 准确说出民生新闻播报的特点、点评的形式和评论的技巧。	10				
	2. 对CCTV《新闻联播》例稿《贵阳：无人报摊六年“不差钱”》进行播报。	技能训练	2. 掌握民生新闻播报节目短小、灵活、一事一议，以个人身份发表个性化评论的技巧； 3. 播报亲切随和、节目对象感强； 4. 叙事清楚、新鲜感强； 5. 状态积极，富有表现力。	20				
	3. 以小组为单位，策划一期民生新闻播报节目，并采访、撰稿、编辑、播音、制作成完整的播音节目成品，时长5分钟。	作品评审	6. 能够运用民生新闻一事一议的技巧，对民生新闻进行恰当的点评； 7. 能在播报中体现民生新闻播报的态度与分寸； 8. 策划、文稿、稿签齐全； 9. 节目导向正确，主题突出； 10. 语音规范、播报流畅、节目编排合理、制作精良。	50				
(二)过程与方法目标	4. 合作完成节目成品的过程表现。	综合评价	1. 能够获取、搜集、整理信息，甄选有价值信息； 2. 能够制定、实施工作计划； 3. 能够分析、发现、解决问题； 4. 具有理论知识的运用能力； 5. 能及时完成工作任务。	10				
(三)情感、态度、价值观目标	5. 出勤纪律、工作态度。 (违反第一条，10分全无)		1. 遵守工作纪律，自我约束力强，不迟到、早退、旷课； 2. 有职业道德与社会责任感； 3. 有较强的新闻敏感性，有一定的新闻工作者人文关怀意识； 4. 语言沟通能力、组织协调能力强，能够与团队成员团结协作，共同完成工作任务； 5. 能够实事求是完成工作评价，给出合理分值。	10				
自我评分(20%) + 小组评分(30%) + 教师评分(50%) /总分：								
改进建议								

任务3　民生新闻播报的分寸把握

【课前热身】

一、对下列新闻事件进行即兴评述，完成一篇口头小议论文。

二、要求快速组织语言，观点鲜明、语言流畅。

三、时长2分钟。

工业明胶制作胶囊流向消费者

据央视《每周质量报告》报道，一些企业用皮革废料熬成工业明胶，卖给药用胶囊生产企业，最终流向消费者。调查发现，9家药厂的13个批次药品所用胶囊重金属铬超标。从4月18日至21日，大量空心胶囊被丢弃于郑州市中原区、新郑市的排污渠和麦田中。当地政府昨日表示，已与药监、公安等部门组织清理、销毁这些空心胶囊，并调查其来源以及是否铬超标。4月21日，在郑州郑上路三十里铺李岗村的一段排污渠内，五颜六色的空心胶囊几乎填满沟渠，绵延300余米，将河水染成蓝绿色，被网友称为“彩虹河”，并戏称这些疑似伪劣胶囊“跳河自尽”。在全国查处铬含量超标胶囊的大背景下，这一事件立即成为各界关注焦点。

（凤凰新闻网4月19日消息）

【学习目标】

一、了解民生新闻播报应注意的问题。

二、掌握民生新闻播报分寸的把握方法。

三、运用民生新闻播报分寸的把握方法，做好民生新闻节目的播报。

【情境导入】

刘亮同学假期在市电视台的《民生浏览》栏目组实习了一个月，他发现这个栏目为了迎合一部分观众的低级趣味和不太健康的心理需求，经常爆料百姓个人的隐私或是扒开别人的伤口来进行评论，让人看起来很不舒服，刘亮同学很纠结。

民生新闻节目一定要这样做吗？《民生浏览》栏目的定位有没有问题？

【重点解析】

一、民生新闻播报节目应该注意什么?

民生新闻节目不能以爆料百姓个体隐私为噱头，要在节目中关注民生，更多的是解决民生问题。而要做好一档民生新闻节目的播音主持，我们首先要了解以下几点：

1. 报道思想的定位：强烈的民本意识

民生新闻节目要尊重受众的知情权和话语权，鼓励受众积极参与到消息传播过程中来，对社会事务发表自己的意见、见解，进行讨论，并最终形成公共意见。受众在参与现场短信调查、打来热线电话、拍摄 DV 新闻时，不仅是电视新闻的关注者，更是新闻事件的参与者和传播者，大大凸显了受众的主体性与社会关怀。

2. 报道内容的选择：以贴近性和地域性取胜

家长里短，邻里纠纷，各种困难都是民生新闻报道的对象。要秉承“帮助就在你身边”的理念，人性叙述，依靠各方力量，为老百姓解决实际困难。这些发生在自己身边，跟自己的生活息息相关的事情，正是受众所关注的。

3. 报道方式：现场直播，记者参与，全程跟踪

记者介入到百姓求助的事件中，全程关注跟踪事件，不仅给予报道，并最大程度上进行帮助，直到问题解决；注重主持人播报方式，在口播中制造亮点，以其新颖和悬念吸引受众，并力求语言具有亲和力。

4. 拓宽报道范围，开拓公共空间

民生新闻讲的是老百姓的事，所以受到老百姓的喜爱。老百姓也关心国家大事，关心经济政治，所以民生新闻可以在大的经济政治环境下讲述小的故事，拓宽自己的报道范围，开拓公共空间，讲述大家都关心的话题，维护百姓的公共利益。

5. 增加厚重感

民生新闻较好地体现了“三贴近”原则，采用直播，快速、及时地报道当日当时新闻，关注民众生活琐事，短平快但也显得琐碎，在浓度与宏观把握上难免有欠缺，这成为民生新闻的一块硬伤。要防止这种硬伤的形成，就应该把握节目的厚度和深度，挖掘节目深处蕴藏的意义，形成自己的特色。

6. 避免低俗化倾向

如何把握民生新闻播报的分寸？民生新闻节目主持人，要想在节目中表现优秀，就应该加强理论学习、道德修养，丰富文化知识涵养，以利于在民生新闻的播报中把握好四个方面的“度”：(1)政治的度。实务中，我们可能会遇到，坚持党性和坚持人民性的矛盾。事实上，在现实生活中的大量情况是，人民群众盼望通过舆论监督解决的问题，也是党和政府正要着手解决的问题。我们完全可以在党和政府关注的

重点、人民群众关注的热点、各级党政部门着力解决的难点的结合处寻找点评的突破口。(2)态度的度。民生新闻点评的初衷应该是善意的，评价的态度应该是公允的，播出后的效果应该是积极的。与人为善体现在目的上，是使被监督者改进工作，改正错误，而不是“把别人逼到死路上去”；体现在方法上，是摆事实、讲道理、不扣帽子、不打棍子。(3)角色的度。民生新闻点评要做到以人为本，必须把握好角色的度，才能更好地反映人民群众的意见，才能最大限度地克服舆论监督对人的不必要的伤害。(4)法律的度。主播应该具备很强的法律意识与法律知识，明确自己在发表评论时的权利和义务，明确与采访报道的内容有关的法律、法规，把握好新闻评论法律的度，最重要的是要做到报道程序的合法、报道行为的合法和报道内容的合法。

关注民生新闻，要求我们疏理堆砌在生活中的琐碎事物，通过对身边典型小事、典型细节的报道，赋予其一定的情感、意义和判断，倡导一种社会理智、社会观念、社会秩序、社会道德和社会风尚，以期推动全民共建社会规范体系、和谐氛围。

【课堂训练】

◇例稿 4. 3

凡人善举——三岁童被卡防盗网 众人接力爱心救援

央视网消息(新闻联播)：家长外出，最好不要把孩子独自一人留在家里，特别是住高层楼房的，更得注意。前不久，深圳的一位家长外出时就将三岁的儿子一个人留在了家里，结果发生了意外。危急时刻，一场温暖人心的爱心营救展开了。

这段视频只有30多秒，据拍摄者腾先生说，当时是早上七点多，他还在睡觉的时候就听见有孩子的哭喊，还有人说要打电话报警。起来一看，发现有一个孩子卡在他家对面五楼的防盗网上。

此时，在那栋楼的楼下已经聚集了几十个人。很多人都张开了双臂，腾先生和爱人也赶紧抱起被子冲下楼，准备接住孩子。同时，住在四楼的叶先生，则在自家阳台，想把小孩托住。

眼看在四楼托不住孩子，有人火速冲上五楼破门。

经过惊险的10分钟，由社区保安员、街坊邻居和路人组成的营救队伍，终于将男孩成功从防盗网上拽了上来，孩子没有受伤。这个时候孩子的母亲回到家中。

编后话：应该说这已经不是新闻了。杭州最美妈妈吴菊萍，深圳托举哥，都曾在类似情况下救过小孩子。感动归感动，这样的事最好别重演。做家长的多操点心，让孩子少受罪，他人少揪心。

(2013年02月26日 CCTV－综合频道《新闻联播》)

训练提示：通过模仿训练，仔细琢磨民生消息的播报应该注意些什么？是否吃透新闻稿件，面对不同的民生新闻，能否客观理性的表达自己的见解。

【任务拓展】

一、将例稿录制成一期民生新闻播报节目音频成品。

二、以小组为单位，策划一期主题为“诚信友爱、和谐社会”的民生新闻播报节目，分工协作，搜集素材，编辑、播音、制作成完整的民生新闻播报节目视频成品，时长 5 分钟。

【思考测验】

一、民生新闻的播报应该注意些什么？

二、如何把握民生新闻播报的分寸？

【评价方法】

考核表

考核模块	考核内容	考核方式	考核点	分值	评分标准			
					优 90～100分	良 75～89分	及格 60～74分	不及格 0～59分
（一）知识与技能目标	1. 对所学民生新闻播报分寸把握的理论知识进行回顾，总结。	理论测验	1. 准确说出如何把握民生新闻播报的分寸。	10				
	2. 对《凡人善举——三岁童被卡防盗网　众人接力爱心救援》例稿进行播报。	技能训练	2. 掌握民生新闻播报的尺度要求； 3. 播报亲切随和、节目对象感强； 4. 新闻事件叙述清楚； 5. 状态积极，富有表现力。	20				
	3. 以小组为单位，策划一期主题为“诚信友爱、和谐社会”的民生新闻播报节目，并采访、编辑、播音、制作成完整的播音节目视频，时长5分钟。	作品评审	6. 能够运用民生新闻播报的要求做好民生新闻节目的播报； 7. 能在播报中体现民生新闻播报的态度与分寸； 8. 策划、文稿、稿签齐全； 9. 节目导向正确，主题突出； 10. 语音规范、播报流畅、节目编排合理、制作精良。	50				
（二）过程与方法目标	4. 合作完成节目成品的过程表现。	综合评价	1. 能够获取、搜集、整理信息，甄选有价值信息； 2. 能够制定、实施工作计划； 3. 能够分析、发现、解决问题； 4. 具有理论知识的运用能力； 5. 能及时完成工作任务。	10				
（三）情感、态度、价值观目标	5. 出勤纪律、工作态度。 （违反第一条，10分全无）		1. 遵守工作纪律，自我约束力强，不迟到、早退、旷课； 2. 有职业道德与社会责任感； 3. 有较强的新闻敏感性，有一定的新闻工作者人文关怀意识； 4. 语言沟通能力、组织协调能力强，能够与团队成员团结协作，共同完成工作任务； 5. 能够实事求是完成工作评价，给出合理分值。	10				
自我评分（20%）+ 小组评分（30%）+ 教师评分（50%）/总分：								
改进建议								

任务4　民生新闻播报综合训练

【学习目标】

一、巩固民生新闻播报理论知识。

二、对训练例稿进行合理编排，并上镜播报。

三、选择训练例稿进行民生新闻播报节目策划、编辑，并播音、制作成节目成品。

四、自选民生新闻题材和素材，策划一期民生新闻节目，合作采访、撰稿并播音、制作成完整的民生新闻播报节目成品。

【课堂训练】

◇例稿4.4

“航母Style”走红 祖国强大振奋人心

罗阳——走了，谢幕在海天之间，把生命献给了军工事业，而我国国防军工事业的每一次尝试、每一次成功都牵动着亿万国人的心，即便是舰载机起降现场飞行助理一个指示战机起飞的动作，也被网友们纷纷模仿，他们将这个叫做“走你”的姿势冠以“航母Style”，并在网络上迅速蹿红。

不到一天的时间里，网友们创作了各种版本的“走你”姿势，这个被网友冠以“航母Style”的网络热词在微博、贴吧迅速走红。

有的网友总结了“航母style”动作要领：侧屈腿，食指和中指指向身体一侧，其余手指握拳，脸背对手指方向，口中默念“走你”，具体教程见：央视播出的舰载机起降训练的画面。

有网友评论：太帅了，可以了解这种兴奋，不过也太可爱了。

网友“程咬金不换”说：最近这个航母style走你姿势大爱啊！于是我也来凑个热闹表达我对国家的满腔热血！

网友“平凡视角1974”说：“走你”火了！歼15成功上舰，表面火的是姿势，内在是人民对祖国强大的高兴。

有网友高兴地说：真的是格外的骄傲！这姿势怎么看怎么帅气！各种版本也好可爱。

有网友说：这是一个有力的动力，这是一个自信的动作，这也是一个自豪的动作。

网友“胡子小江”说：这体现了我们对国家大事的另类关注，也侧面证明国家强大，匹夫有乐。

当人们自豪地做出“走你”姿势的时候，并没有意识到罗阳的离去，但现在看来，无数国人做出的“航母 Style”恰恰成为告别之礼。

罗阳最后一刻仍坚守在工作岗位的身影，其实，也是一种“航母 Style”，书写着航空人勤勉踏实、呕心沥血的精神，书写着中国人的梦想。

罗阳离开这个世界之前放飞了中国人最重的梦想之一，辽宁舰只是中国航空母舰发展史上的一个起点。每一位为这份事业殉职、流血、流汗者，都值得敬仰。

（央视消息）

◇例稿 4.5

青岛公厕免费提供卫生纸遭疯抢 每天被扯两千米

端午小长假，一些来青岛旅游的细心游客发现，岛城前海一线一些景区的公厕有了免费提供的卫生纸。6 月 24 日上午，记者来到位于第二海水浴场附近的花石楼景点，发现景区附近的两个公厕内都已经安装了免费的大盘卫生纸。一卷手纸一群人疯抢，这种情形屡见不鲜。即使是以公众素质高闻名的北京，推行公厕免费提供卫生纸后，也存在着过度使用的问题。而且，“公家的不要钱可以浪费、带走，公用的没人管可以破坏”——这种公共道德意识的缺失，在我们周围早已司空见惯。也因为此，街头电话亭没有完整的，垃圾箱时常被烧并且难以分类投放，公共绿地常遭踩踏……

众所周知，城市建设需要巨大投入。如果公物被损坏，还要再配备，既浪费资金，也给市民日常生活带来不便。不管是出于何种目的，损毁公物的行为都给我们的城市带来了损失，当下围绕公共手纸产生的难题，又给这一项惠民措施能否坚持下去带来了阴影。

（央视消息）

◇例稿 4.6

南昌火车站石凳被封死 管理方称卧躺影响形象

8 月 15 日下午，记者来到南昌火车站，在车站广场上看到 12 棵树木以及所有的绿化全部被铝合金栅栏封死，原本可供乘客坐下来休息的“石凳”也被“圈”起来。目前，正值暑运，不少带着大包小包的旅客依着栅栏坐在地上，也有部分旅客翻过栅栏坐在“石凳”上。不少旅客看到记者拍照，纷纷表示，没有“石凳”坐很不方便，如果从保护绿化方面考虑，完全可以避开“石凳”修建，希望有关部门能从方便旅客的角度把栅栏整改一下。

随后，记者联系上南昌火车站广场的管理方——南昌市火车站广场管理处，该处一位工作人员称，网友和旅客所指的“石凳”其实是绿化树木的树坛，自从火车站广场投入使用后，一些旅客就把树坛当成凳子来休息，他们还把垃圾丢在树木旁边，甚至还破坏树木，给管理工作带来了许多麻烦。“除了破坏绿化带之外，还有些旅客躺在上面睡觉，严重影响南昌火车站作为省会城市窗口的形象”，该工作人员称：“从2008年开始，南昌火车站广场管理处向政府部门打了报告，用铝合金栅栏将树坛围起来，保护火车站广场的绿化设施。”

（央视消息）

◇例稿4.7

卫生部：将尽快建立公民逝世后器官捐献体系

卫生部副部长黄洁夫昨天表示，我国将尽快建立器官捐献体系，并承诺在3~5年内彻底改变主要依靠死囚来获得移植器官的畸形方式。在全国人体器官捐献试点工作总结会上，黄洁夫称，一个全国层面的公民逝世后人体器官捐献体系正在建立之中，目前试点工作已在16个省市展开。取消死囚器官捐献这一承诺，代表了“政府层面的决心”。

由于缺乏自愿捐献，中国此前绝大多数的移植器官来源于死囚捐献。据卫生部统计，中国每年约有150万的人需要器官移植，但是每年仅1万人能够接受移植手术，器官缺乏是主要原因。黄洁夫表示，死囚器官的真菌感染率和细菌感染率很高，这也是导致我国器官移植长期存活率低于世界先进水平的主要原因。

在国务院今年的立法计划中，“鼓励公民逝世后捐献器官”等已被列入《人体器官移植条例》的修订内容。随后几年，公民逝世后器官捐献将逐步成为中国器官移植的主要来源。

（央视消息）

◇例稿4.8

南京新建1年廊桥被暴风雨吹塌致1死5伤

2012年7月3日下午5时20分左右，南京突发暴雨狂风，该市一处跨河木质廊桥在风雨中发生坍塌，砸伤数位桥上市民。截至发稿，四名伤者已被送往医院，其中一名重伤者经抢救无效死亡。据介绍，倒塌的木质廊桥为2011年6月建成的该市环境整治工程项目之一，仅建成一年就发生这样的惨剧，被市民质疑为“豆腐渣”工程。

（央视消息）

◇例稿4.9

“三大民生工程”造福四川藏区百姓 改善生活条件

盛夏时节，毗邻213国道的松潘县川主寺镇牧场村里，做客草原“藏家乐”的游人络绎不绝。“不仅住上了好房子，增收致富还多了条门路”，说起定居以来的新生活，牧民们的脸上写满了笑意。

“牧民定居行动计划”规划4年内投资180多亿元，建设1285个定居点、1000多万平方米定居房，解决10万户、50万牧民的居住问题。截至今年7月，此项行动已解决9万多户、40多万牧民定居问题。

长期以来，藏区群众放牧时使用的简易帐篷面积小、内部设施简陋。结合定居行动，四川向每户牧民无偿提供保温、隔热、阻燃、防雨雪的新型帐篷，并按照群众自愿原则，在帐篷内配备折叠钢丝床、多功能组合桌等“九件套”，购置资金由政府补贴2/3。截至去年5月，10万顶新型帐篷已全部发放到牧民手中。

（央视消息）

◇例稿4.10

一组民生新闻

●女孩创业开进口食品网店

相信很多人都曾经有过创业的想法，那么今天就带大家来认识一个勇敢的女孩。她在创业路上走出的每一步都值得我们来借鉴，用她的话说，只要坚持下去就一定会成功。

琳琅满目的商品包装上面印着很多外国文字，您一定猜到了这是一家进口食品店。几年前，王娜大学毕业后没有找到特别理想的工作，一次在北京旅游的时候王娜偶然间发现北京有很多进口食品店，于是回到哈尔滨，王娜动起来创业的心思。说干就干，王娜在哈尔滨的繁华地段盘下了一家小店面，尽管这里的生意还算不错，可是王娜还是有新的想法。

王娜开的这家中北进口食品网店接的大都是一些来自哈尔滨的同城购物订单。网店的生意越来越好，王娜还顾了几个人帮自己照看网店和送货，尽管为了省租金，王娜把店铺搬到了不太繁华的地段，可她的生意还是越来越红火。

随着我国网购用户规模的不断扩大，网络购物在有效刺激内需的同时还极大带动了社会就业，据测算，在网络零售中平均一个直接就业可以带动2. 85个间接就业。首先网店成本很低，在就业方面也可以招一些人解决很多人就业的问题，国家也给了很多优惠政策为我们节约了很多的成本。

●老师结婚，学生要随礼吗?

都说人生有四喜，那么其中两样是洞房花烛夜、金榜题名时，一个是说新婚之喜一个是说求学之喜，今天要说的这桩喜事和这二者都有关系，因为结婚的是哈尔滨一所中专学校的老师，老师结婚学生该咋办呢?张伟的女儿在哈尔滨市的一所中专上学，前几天，女儿回家要钱说是班主任老师要结婚了得随礼。女儿说是班长通知大家老师结婚时间和学生们随礼金额的，赶在老师3月5号的婚期之前很多的同学陆陆续续地随了份子。

在这所学校的二年二班不少的同学也早就接到了类似的通知，不过也有同学说给老师随礼这件事是自愿的，老师和学生的关系密切，在校期间常年在一起学习接触，感情有了表示一下也没有啥，但是如果这种师生关系要靠红包的厚度来衡量恐怕就有些不合适了，那这件事究竟是学生自发组织的还是老师授意这样做的呢？要结婚的这位老师休了婚假，只好拨通了他的电话，一听说这件事老师有些不太高兴，他说自己并不知情。

这位老师说虽然自己极力隐瞒自己的婚事，可不想呢还是让大家知道了，这收礼金的事很有可能是班长为了表示对老师的感激，私下组织大家的，现在已经把礼金全部退还了，不过这事还是引起来我们一些思考，这老师办喜事学生很紧张，为什么呢？一方面，本身没有钱只能向家里要，另一方面，年轻人爱面子喜欢攀比，担心这次差了点事老师会对自己不好，原本纯洁高尚的师生情就这样慢慢的掺入了不该有的人情世故。其实礼虽然是我们国家的传统，但这个礼并不是礼金，对于老师们来说桃李成材才是对自己最好的回馈，对于学生们来说什么事才是最重要的就不需再多说了。

●厨房玻璃爆裂——危险

老师结婚学生紧张，同样紧张的还有哈尔滨的刘洪，这两天一想到下厨房刘洪就冒出一身的冷汗，因为就在几天前他家的厨房上演了一幕天女散花。3 月 6 号晚上 9 点多，哈尔滨市民刘洪正在家里看电视，突然从厨房传来一声巨响。刘洪说当时只看见灶台上地面上到处是碎玻璃，整个厨房一片狼藉。事情发生后，刘洪立即按照说明书拨打了小鸭牌抽油烟机的售后服务电话，一位工作人员来到现场查看。

工作人员说，检查后确定抽油烟机本身并不存在质量问题，造成玻璃爆裂的原因有可能是安装错误，也有可能是使用不当造成的，具体爆炸原因他们会请公司的技术部门鉴定，经过协商，厂家同意近期给刘洪更换新的玻璃防护罩，看来刘洪家在排油烟机没有修好之前还是别在家里做饭了，到外面吃一口吧。

●美食广场店参与关灯——纠结

不过有的时候在外面吃饭也有不顺心的时候，这两天潘少华和朋友就一起来到了一家美食广场，在这里吃饭那是一肚子的气。7 号晚上，潘少华和朋友一起逛街，逛累了几个人就去商场地下一层的美食广场想吃点东西，就在潘少华和朋友等着美味上桌的功夫，美食广场里的灯却忽然被人关掉了。灯一关就再也没有亮起来，潘少华看着自己眼前的食物犯了难，于是他找到收银员要求退款，但遭到收银员拒绝。

遭遇了这样的事潘少华越想越生气，第二天他再次来到美食广场想给自己讨个说法，美食广场的收银员说餐厅的灯每天都是由保洁员负责开关的，突然关灯可能是保洁员看到餐厅的客人少就关灯下班了。

保洁员下班之前关灯无可厚非，可潘少华说关灯之前怎么也得提醒一下还在吃饭的顾客。保洁员无所谓的态度让潘少华很生气，自己本来是来吃饭却没想到惹了一肚子的气。

在很多的商场都有这样的美食广场，不光为顾客用餐提供便利，也给大家提供休息聊天的空间，可是有的时候呢，一聊起天就忘了时间很晚才离开，这给保洁员的工作带来不便，而保洁员下班前关灯也没错，不过他就忽略了还在吃饭的顾客的感受。像生活当中磕磕绊绊的小事更需要人和人之间互相的体谅，只有这样平凡的生活才能变得更加的和谐美好，您说是不是呢？

●装修订家具 人去楼空

现在很多人去买东西都讲究品牌和信誉，同样的商品谁都想去大商店里去购买，哈尔滨市的赵玉学在买家具的时候也是这么想的，于是他就选择了一家大商场，可是结果却让他很失望。哈尔滨市的陈桂花最近很上火，和他一起开始装修房子的邻居早已经完工入户了，只有他还在等着自己在哈尔滨市名流家具城订购的家具。

陈桂花和商店定好了价格也交齐了货款，约定等房子装修到一定程度之后由商家把家具运送回家，可是到了该送货的那天陈桂花没能等到自己的家具，买家已是人走楼空了。

听到这样的答复陈桂花马上赶到了名流家具城，这才发现被卷走货款的还不止他一个人。因为找不到博熙实木家具的工作人员，陈桂花他们只好找到了名流家具城。

赵玉学说，名流家具城的工作人员让他回家等待消息，核实了所有受骗者的情况之后，货物将一同返还，可是这一等又是两个月，等他再次找到名流家具城的时候说法却突然变了。就这样事情一拖再拖到了现在，可是当大家再一次来到名流家具城的时候却傻了眼，整栋大楼大门紧锁空无一人了，到底出现了什么状况事情是否如这些顾客所描述的呢？

现在，陈桂花、赵玉学等人已经准备到法院起诉，运用法律手段维护自己的权益。

◇例稿 4.11

山东济宁台《直播民生》节目稿

●中午饮酒来开车 酒测超标两倍多

如今，人们晚上开车聚会时大都比较注意，不再酒后驾车，然而在中午，一些人可能感觉查酒驾的很少，心存侥幸喝完酒后仍然驾车，今天中午，一名男子就触犯了醉驾的高压线被民警当场抓住。经过测试，这名男子每百毫升血液酒精含量竟然达到了174毫克，而醉驾的标准是80，也就是说，这名男子超过了酒驾标准的两倍还多。这大中午的，喝了这么多的酒还开车上路，您这胆子也太大了，而面对如此高的测试值，这位驾驶员还在坚持只喝了1杯啤酒。随后，民警对其进行了抽血化验，结果出来后将依法进行处理。

而在洸河路，一位驾驶员在被查获后，非常配合地接受了酒驾测试，结果显示这位驾驶员的测试值为71，差点就达到了醉驾标准，而面对记者的询问，人家坚持称自己并没有喝酒。喝红牛也能测出71，让人难以置信，随后民警将男子带上了一旁等候的救护车。今天中午，民警还真查到了不少的酒驾司机，民警也提醒大家，无论何时都要牢记酒后不开车的法规。

●人行道成停车场 市民有意见

在济宁市区的主要道路上都设有8至10米宽的人行道和盲道，目的是让行人与快车道、慢车道分离以保证交通安全，但这些保证行人安全的人行道却成为随意停车和谋利的地方。这些停在人行道的车辆，有的顺道而停，有的横行而放，把人行道与盲道完全堵塞，行人只好走慢车道，而慢车道上电动车、自行车川流不息，不仅盲人无法通行，正常人的安全也令人担忧。人行道是专为行人设计，而且为方便盲人通行还增加了盲道识别地砖，但在采访中发现，市区主要道路乱停车辆占道现象很普遍，使人行道成为虚设，更有甚者，有些商家竟把人行道围起来看车收费谋利。

运河城西门的人行道地处共青团路南端路东侧，由于这里商家云集，行人流动量很大，运河城收费停车场用自制的铁栅栏沿慢车道边缘，在人行道上围起一个长近百米、宽几十米的收费停车场，虽然商家得了经济利益，但由于停车场把人行道完全堵死，造成行人无法通行，市民对此意见很大。市民们说，经有关部门批准设停车场看车收费无可非议，但不能占用公用通道影响大家通行，这种做法不仅违规，也侵害了公众利益，而收费停车场经营户对此却不以为然。

据了解，市区主要道路快车道与慢车道由交警部门负责，人行道是市综合执法局管理，针对这种乱停乱放影响市民通行的现象，相关部门应该尽快采取措施，严加管理还路于民，《直播民生》对此也将继续关注。

●使用止汗露 当心皮肤病

要说这炎炎夏日，动一动就一身的汗，这满身的汗味确实不太好闻。很多爱美的女士就会选择使用止汗香露，可是这止汗香露真的有效吗？

在各大超市中，消费者都能买到各种品牌各种样式的止汗产品，比如止汗走珠，止汗露，止汗喷雾等等，价格从十元到上百元不等。大多数的止汗产品都有香体的功效，既有适合女性的茉莉玫瑰等味道，也有男士香型。大部分产品在使用说明里写着，任何肌肤都适用。仔细看看这止汗产品所标注的成分，有氯化羟铝、香精、乙醇等，一款止汗露的成分至少有十种以上。销售人员说，现在这样的大热天，止汗产品很受年轻人的追捧，卖得还是相当不错的。销售人员均表示，止汗产品中的成分不会对人体造成任何副作用。在销售人员的推荐下，记者试用了一下止汗走珠产品，感觉到涂抹过的皮肤上有一层薄膜，贴覆在皮肤上。

记者随机走访发现，很多年轻人对止汗产品并不陌生，有相当一部分年轻人在腋窝等容易出汗的地方，涂抹过止汗走珠，那么，这些止汗产品管不管用？对皮肤有没有什么危害呢？皮肤科的医生给出了答案。医生提醒，止汗露不能多用，如果一定要使用止汗露，一天也不要超过两次，用前先用面巾纸拭掉汗液。夏季应注意勤洗澡，保持身体清洁，穿透气宽松衣服，这样可以使汗水易于挥发，避免产生异味的尴尬。

●生源地助学贷款 圆学子大学梦

经历了十余载寒窗苦读，学子们陆续收到了高校的录取通知书。但一部分家庭经济困难的学生在开心的背后却在为筹集学费忧愁。为此我市学生资助管理中心全面启动生源地助学贷款工作，以解学生和家长的燃眉之急。在受理柜台前，学生们拿着录取通知书以及家庭贫困证明等资料等待录入、审批。今年高考考上山东师范大学的学生吕威经过工作人员材料核对，签订了生源地信用助学贷款借款合同。

单亲家庭的吕威，9 岁时父亲意外去世，依靠母亲打零工上学，自幼懂事好学的吕威凭着自己的努力，考上了自己满意的大学，但是手持大学通知书的他，曾一度要放弃学业减轻母亲负担。有了 6000 元的助学贷款和民政部门的资助，吕威的妈妈说这些费用基本上就解决了孩子上大学的所有费用。和吕威一样，申请助学贷款的这些学生大多都是来自农村，他们因为家庭困难无法承担上学费用，为此国家开发银行提供了免息贷款，通过当地教育局学生资助管理中心，每人每学年申请最高可达 6000 元的贷款，主要用于大学生缴纳学费、住宿费等。借款只需要在 5 到 14 年还清即可。

为不让一名大学生因贫困失学，我市今年遵循“应贷尽贷”的原则，全面启动生源地助学贷款工作。生源地助学贷款面向户籍在济宁的高校新生或在读学生。根据国家助学贷款有关规定，借款学生在校期间的利息全部由财政补贴。学生自毕业当年 9 月 1 日起开始按年度偿还利息。

●健身要花钱 居民有点烦

我市不少小区内，都有体育部门免费捐赠的健身器材，这给居民日常锻炼身体带来方便。但市区明珠花园小区居民，要想在家门口的健身器材上过把瘾，却要缴纳一定费用。

近日，记者在市区明珠花园小区看到健身广场内安装了太空漫步器、单双杠、乒乓球台等多种崭新体育器材，外围除了设有一圈铁质栅栏，栅栏上部还拉了三层带刺的铁丝，最高处约三米。广场外不少儿童玩耍嬉戏、老年人推着小孩来回散步，而偌大的健身广场内却空无一人，进出广场的大门已是铁将军把门。铁门南侧不远处立着一块名为“后铺社区居委健身园管理规定”的牌子，上面写着：“凡年龄在60岁以上居民持老年证及1.2米以下儿童免费活动，其余凡来健身园健身的居民请自觉缴费，根据规定还可购买月票健身。昨天中午，记者试图进入广场，一名妇女却上前告知，要缴纳五毛钱才能入内使用健身器材，锁门收费是为了加强管理。对于小区健身器材收费一事，绝大多数居民持反对意见。居民反映说，这些器材是今年6月份经市中区教体局批准，用体育彩票公益金购买的，多个健身器材上都用白色油漆喷有“中国体育彩票捐赠”的字样。

阜桥街道后铺社区居委会工作人员介绍说，原来健身广场环境非常差，并且健身器材损毁严重。新器材安装后，居委会便派专人进行管理维护，考虑到费用支出，才制定的收费规定。在实行了一段时间后，遭到了小区居民反对，半月前居委会撤销了收费规定，免费对外开放。不过今天上午记者再次来到这里从上午9点等到11点20分，健身广场依旧大门紧锁。

据了解，在今年济宁市人民政府办公室印发的《济宁市全民健身工程和管理办法》第三章明文规定：街道办事处、社区居委等单位，为全民健身工程的管理单位。管理单位应配备专兼职管理人员，对场地设施及使用进行管理。全民健身工程应当向社会免费开放，任何单位和个人不得利用全民健身工程进行以营利为目的的活动。

【任务拓展】

一、自选例稿进行合理编排，策划、编辑一期民生新闻播报节目，并播音、制作成完整的民生新闻播报节目成品。

二、请根据以下素材，以小组为单位策划、编辑、撰写一条民生新闻，另上网编辑两条民生新闻，完成一期《民生在线》节目策划（含文稿），并播音、制作成完整的新闻播报节目视频成品。

●某大学生将空饮料瓶挂在窗台边戏弄拾荒小孩

4个小孩子为了能够到窗子上的一个瓶子，一个小男孩弯腰当人梯，一个小女孩站在他背上努力伸手去抓。然而有些学生会用绳子拴住瓶子吊下来，当他们用手去拿的时候，学生就会把瓶子升上去。对此，当事校方表示会对该班学生严肃批评。

（都市时报2012年6月27日消息）

【评价方法】

民生新闻播报单元综合训练考核表

考核模块	考核内容	考核方式	考核点	分值	评分标准			
					优 90~100分	良 75~89分	及格 60~74分	不及格 0~59分
（一）知识与技能目标	1.对所学民生新闻播报理论知识进行回顾，总结。	理论测验	1.准确说出民生新闻的定义、语言特点、备稿方式、评论的技巧及播报的尺度。	10				
	2.对央视及山东济宁台民生新闻例稿进行播报。	技能训练	2.掌握民生新闻的语言特点、备稿方式、评论的技巧及播报分寸的把握； 3.语音规范、播报流畅； 4.叙述事件清晰、交流自然； 5.评论分寸得当，观点鲜明。	20				
	3.以小组为单位，根据图片策划一期民生新闻播报节目，并撰稿、编辑、播音、制作成完整的播音节目视频。	作品评审	6.能够运用民生新闻的语言特点做好民生新闻节目的播报； 7.能在评论中体现民生新闻播报的态度与分寸； 8.策划、文稿、稿签齐全； 9.节目导向正确，主题突出； 10.语音规范、播报流畅、节目编排合理、制作精良。	50				
（二）过程与方法目标	4.合作完成节目成品的过程表现。	综合评价	1.能够获取、搜集、整理信息，甄选有价值信息； 2.能够制定、实施工作计划； 3.能够分析、发现、解决问题； 4.具有理论知识的运用能力； 5.能及时完成工作任务。	10				
（三）情感、态度、价值观目标	5.出勤纪律、工作态度。 （违反第一条，10分全无）		1.遵守工作纪律，自我约束力强，不迟到、早退、旷课； 2.有职业道德与社会责任感； 3.有较强的新闻敏感性，有一定的新闻工作者人文关怀意识； 4.语言沟通能力、组织协调能力强，能够与团队成员团结协作，共同完成工作任务； 5.能够实事求是完成工作评价，给出合理分值。	10				
自我评分（20%　）＋ 小组评分（30%　）＋ 教师评分（50%　）／总分：								
改进建议								

模块二

评论播音

任务1　评论播音的备稿

【课前热身】

一、对漫画及素材进行即兴评述，完成一篇口头小议论文。

二、要求主题突出，观点鲜明，状态积极，表达流畅。

三、时长不少于3分钟。

学生违纪　个人信息遭公示

河北省无极县中学开始公布一些违纪学生的照片、姓名、班级等信息，其中包括违纪谈恋爱的学生。

图2　信息公式

【学习目标】

一、了解新闻评论的含义及其与消息的区别。

二、掌握评论播音的基本要求与备稿方法。

三、运用备稿方法写出新闻评论的分析笔记。

【情境导入】

某电视台公开招聘新闻评论节目主持人，面试最后一项内容是播报一条新闻评论稿件。

专业突出的王明同学，过五关斩六将顺利进入了最后的面试，他以悦耳标准的普通话流畅完整地播报了评论稿件，信心满满却没被录取，后来了解到考官给他的评语是评论播音像消息播报，态度不明确、观点不突出，评论没有层次逻辑。

你认为王明同学的问题主要出在哪里?

【重点解析】

一、评论的特点及其与消息的区别

新闻评论是社会各界对新近发生的新闻事件所发表的言论的总称。是一种写作形式，一种传播力量，一种社会存在，以传播意见性信息为主要目的和手段。

新闻评论的特点在于，它由论点、论据、论证三要素组成，具有政策性，针对性和准确性；应该用正确的观点引导受众、用独特的见解吸引受众。

评论直接对新闻事实发表观点看法，态度鲜明。消息则是用事实说话，不直接表述作者的观点。

评论是通过对新闻事件的分析直接地、明确地表达观点，表明态度，提出解决问题的方法，起到影响舆论、引导舆论、指导社会生活的作用。

二、评论播音的基本要求

观点鲜明、逻辑严密、以理服人。

可以学习借鉴央视《新闻联播》、《焦点访谈》、《新闻周刊》、凤凰卫视《时事开讲》等优秀节目中的评论播音。

三、评论播音的备稿方法

按照备稿“六步”的方法对稿件进行分析：

1. 划分层次。掌握文章结构是使播音内容清楚的重要因素，通过归并层次搞清评论文章的发展脉络，理清思路，同时要概括大意，有所感受。

2. 概括主题。主题是稿件的中心思想，是稿件中提出的主要问题，或作者通过具体人物、事件所反映出来的看法、主张、态度等，这是播音员进一步了解作者创作意图，进一步掌握稿件的精神实质，激发播讲愿望必做的一步工作。概括主题要准确具体，有思想升华，不能只是内容大意的概述。这就需要我们提高观察分析能力，积累丰富的阅历，加强文化和业务素养。

3. 联系背景。这是明确稿件播出的针对性，深入调动播讲愿望的重要环节。背景指两方面内容：(1)与稿件内容有关的党和政府的方针，政策，中心工作、地区形式、世界格局等(即上情)；(2)指社会现实情况，包括好的方面和存在的问题(即下情)。

4. 明确目的。就是要明确播出目的，明确播出这篇评论所要实现的社会意义和作用，其对播音起着统帅作用。

5. 分清主次。只有重点突出才便于目的的体现。首先要把握重点，其次要处理好主次关系，这将有助于稿件表达得准确、鲜明、生动。

6. 把握基调。实际上是要求理解与表达的统一，播音基调和稿件基调的统一。基调是指稿件总的感情色彩和播音员的态度。

备稿分析的第 1 步和第 2 步是解决稿件“是什么”，第 3 步是解决“对谁播”，第 4 步是解决“为什么播”，第 5 步和第 6 步是解决“怎么播”。

【课堂训练】

◇例稿 5.1

人民的认同带来自信

央视网消息(新闻联播)：党的十八大报告第一次提出“道路自信”、“理论自信”和“制度自信”，这份自信来自于改革开放的成功实践，来自于全国人民的高度认同，来自于对世界发展的独特贡献。

短短 30 多年，中国跃升为全球第二大经济体。在这个历史进程中，中国的普通老百姓分享了改革开放的成果，焕发出巨大的创造性和活力，社会主义的优越性得到生动诠释。中国的发展给全世界带来机遇，世界越来越清晰地认识到：是中国道路造就了中国奇迹。

历史选择的道路宽阔通畅，实践锤炼的理论生机常在，符合国情的制度活力不竭。中国发展充满自信，中国道路前景光明！

(2012 年 11 月 13 日央视《新闻联播》)

◇例稿 5.2

刘翔：无缘金牌　仍是真英雄

北京时间 8 月 7 日下午，在伦敦奥运会男子 110 米栏预赛第六小组中，刘翔因受右脚伤势影响，在跨越第一个栏时摔倒，无缘半决赛。

刘翔摔倒的那一瞬间令全场人震惊！但让人意外的是，最后刘翔站了起来，仅仅依靠左脚沿着跑道的外侧蹦跳着坚持到了终点。这样的场面，让人遗憾又心痛。在经历了 08 年的因伤退赛风波之后，人们多么希望看到刘翔在伦敦奥运重新起飞。但刘翔虽败犹荣，他输了比赛，无缘金牌，却以单腿跳的方式到达终点亲吻栏杆，感动了所有观众。

刘翔的光荣，是赢在对体育的热爱和坚持上。2001 年的全国田径锦标赛上，刘翔站在梦想的起点，以 13 秒 32 的成绩夺得冠军，完胜前辈陈雁浩，登上了中国跨栏第一人的宝座。2002 年，他在瑞士国际田联大奖赛上跑出了 13 秒 12 的佳绩，将男子 110 米栏亚洲纪录和世界青年纪录写在自己名下。2004 年的雅典奥运会，他更是以 12 秒 91 的成绩打破世界纪录，创造了中国人在男子 110 米栏项目上的神话！2008 年瓦伦西亚室内世锦赛，刘翔以 7 秒 46 的成绩获得 60 米栏冠军。如果不是对体育的热爱和坚持，刘翔不可能一次次突破自我，成为中国乃至亚洲田径第一人！

刘翔的摔，也是摔在对体育的热爱和坚持上。2008 年，由于脚伤突发，刘翔不得不在北京奥运会上选择退赛。这四年来，刘翔的脚伤多次复发，但他却没有选择退役，而是一直坚持着体育的执着。伦敦奥运会开幕后，刘翔的师傅孙海平就曾对媒体透露，刘翔在德国训练期间因为强度过大，脚部的旧伤出现了疼痛。在脚受伤的情况下，刘翔能够坚持出现在伦敦奥运的赛场上，已经战胜了许多常人无法忍耐的痛苦和压力。试问，有多少短跑选手能在 29 岁的年龄还在驰骋奥运赛场，有谁可以承受着摔倒的压力出现在跑道上，有哪个运动员愿意以这种残酷的方式结束自己的奥运生涯，又有谁能够承受摔倒之后扑面而来的指责和猜忌？

是的，能够站上跑道，刘翔就已经胜利了。他的站也好，摔也好，荣也好，败也好，莫不是因为对体育的坚持和热爱。这种拼搏的精神不正是奥林匹克的精神内涵么。刘翔做到了坚持，也真正书写了这种精神，他对得起自己，也对得起赛场外的每一个观众。他虽然摔倒了，但他留给我们的精神却屹立不倒，他称得上奥运赛场上的“英雄”！

（央视新闻频道 2012 年 8 月消息）

训练提示：在播音前对新闻事件有所了解，写出分析笔记，结合评论播音的特点，明确评论的观点、态度，起到正确积极的舆论引导和社会生活的指导，还要强调和明确奥林匹克精神的内涵。

【任务拓展】

一、写出例稿《刘翔：无缘金牌仍是真英雄》的分析笔记。

二、对例稿进行编辑、播音，制作成完整的新闻评论播音节目音频成品。

【思考测验】

一、评论的含义及其与消息的区别是什么？

二、评论播音的语言特征有哪些？

【评价方法】

考核表

考核模块	考核内容	考核方式	考核点	分值	评分标准			
					优 90～100分	良 75～89分	及格 60～74分	不及格 0～59分
（一）知识与技能目标	1. 对所学评论播音备稿理论知识进行回顾，总结。	理论测验	1. 准确说出评论播音的含义、写作特点、播音基本要求和备稿方法。	10				
	2. 对评论例稿《人民的认同带来自信》进行播音。	技能训练	2. 掌握评论播音的特点和备稿方法； 3. 写出例稿分析笔记，分析准确； 4. 播音基调正确，重点突出，观点态度鲜明； 5. 语音规范、清晰流畅。	20				
	3. 将课堂训练例稿策划成一档完整的评论播音节目，并编辑、播音、制作成播音节目成品，时长5分钟。	作品评审	6. 能够运用评论播音的备稿方法进行评论播音前的准备； 7. 节目策划、文稿、稿签齐全； 8. 播音基调正确，状态积极，能把握评论语体的特点； 9. 观点鲜明、逻辑严密、以理服人； 10. 节目完整，背景音乐协调。	50				
（二）过程与方法目标	4. 合作完成节目成品的过程表现。	综合评价	1. 能够获取、搜集、整理信息，甄选有价值信息； 2. 能够制定、实施工作计划； 3. 能够分析、发现、解决问题； 4. 具有理论知识的运用能力； 5. 能及时完成工作任务。	10				
（三）情感、态度、价值观目标	5. 出勤纪律、工作态度。 （违反第一条，10分全无）		1. 遵守工作纪律，自我约束力强，不迟到、早退、旷课； 2. 有职业道德与社会责任感； 3. 有较强的新闻敏感性，有一定的新闻工作者人文关怀意识； 4. 语言沟通能力、组织协调能力强，能够与团队成员团结协作，共同完成工作任务； 5. 能够实事求是完成工作评价，给出合理分值。	10				
自我评分（20%）＋小组评分（30%）＋教师评分（50%）/总分：								
改进建议								

任务2 短评播音

【课前热身】

一、对下列新闻事件进行即兴评述，时长3分钟。

二、要求新闻评述主题突出，观点鲜明，状态积极，语言流畅。

情人节献血 有爱又浪漫

2月14日是西方的情人节，情侣们纷纷通过各种形式表达爱意。在江苏盐城，百名夫妇结对来到采血点无偿献血，不但缓解城市血型告急的困境，也在情人节给自己留下特殊的纪念。

据了解，盐城今年入冬持续低温，献血的人群较少，加上每天临床用血量较大，造成血站血库一度告急。为此，盐城市中心血站决定在情人节这个特殊的日子举行温馨情人节无偿献血活动，号召爱心人士无偿献血。上午8点半左右，采血点来了近百名夫妇，大家有秩序的排队、填表、上车输血。家住盐城市区的殷志军告诉记者，从2004年直到现在，他已经献血3000多毫升，虽然他和妻子也经常一起去献血，但是情人节献血特别有意义，那就是用爱心见证纯真的感情。前来献血的夫妻都认为，通过这种公益之举让爱心传递下去，将爱心和浪漫融合。

据统计，温馨情人节无偿献血活动共吸引40多对夫妇前来无偿献血，献血总量达25000ml。为感谢每一对夫妇的爱心之举，盐城市中心血站还特别准备了玫瑰赠予献血者。

（新浪网2012年2月消息）

【学习目标】

一、了解短评的特点。

二、掌握短评播音的技巧。

三、运用评论播音技巧进行评论播音。

【情境导入】

刘同学在一个新闻栏目组实习，由于专业突出，制片人让他尝试一条新闻短评的播音，刘同学信心十足，可播完后制片人连连摇头说这条短评播的完全没有对象感，没有交流，目的不突出，像一潭死水。刘同学就犯难了，短评中的事件他都没有听说过，也没有参与过，到底要怎么播才符合要求？

如果你是刘同学，你会怎么处理这种情况？短评播音有何技巧呢？

【重点解析】

一、短评的特点

1. 短小精悍

短小精悍首先体现在篇幅的短小上。一般来说，短评的字数多在500字左右。短评的短小精悍还体现在评析内容的具体、立论角度的集中、结构的简约和文字的精练上。短评不是社论或评论员文章的缩写形式，它需要抓住新闻报道或所评析事物的某一点进行议论，力求行文精粹、不蔓不枝。

2. 新鲜独特

短评的“新”，首先表现在选题新鲜、及时，抓住最具时效性的新闻报道或新鲜事实做出分析和评论；其次表现在立论角度的新颖和观点的独到上，能够从新的视角观察事物，做出与众不同的分析并得出具有个性的见解和结论；此外还表现在引入新的论据，采用新的表述方式，使评论给人以新的信息和新的启迪等等。

3. 生动灵活

短评的分析说理应该生动吸引人，有理有据，运用多种议论手法使文章富有生气；短评的结构方式应灵活多样，依据不同的评析对象变换文章开头、结尾与谋篇布局；短评的语言文字也应生动活泼，使文章在言之有物的同时短而有趣。

二、短评播音的技巧

1. 确定对象抓态度

确定受众对象，对象最好设计成对所播内容有关的、最感兴趣的人以便于交流，要感到听众在聆听，随内容深入而产生共鸣，同时反作用于播音员，使之产生强烈的播讲愿望。抓态度，是指播音员对稿件的看法，首先态度要与原稿一致，导向正确，其次态度鲜明、分寸得当。

2. 结合实际抓目的

结合实际是指结合社会实际，目的是指宣传目的，也就是播讲目的。要深入理解稿件，做到有感而播。结合实际可以借鉴自己身边发生的和稿件相似的事情去感受。平时多看多听，多观察多积累。抓目的就是要弄清文章针对什么问题、为什么评论、作用如何，一定要有明确的宣传目的。可以借鉴学习央视《新闻联播》中的短评播音以及央视《新闻1+1》、《焦点访谈》等节目。

【课堂训练】

◇例稿 5.3

人民日报社论：共同创造更加幸福美好的未来
——热烈祝贺中国共产党第十八次全国代表大会胜利闭幕

央视网消息(新闻联播)：明天出版的人民日报将发表社论《共同创造更加幸福美好的未来——热烈祝贺中国共产党第十八次全国代表大会胜利闭幕》。文章说，肩负着全国各族人民的信任和期待，凝聚亿万人民的智慧和力量，我们党开启了全面建成小康社会的新的伟大进军，开启了共创中国人民和中华民族更加幸福美好未来的崭新征程。当前，摆在我们面前的首要政治任务，就是认真学习党的十八大精神，全面贯彻党的十八大精神，自觉把思想和行动统一到党的十八大精神上来，把智慧和力量凝聚到落实党的十八大提出的各项任务上来。文章指出，党的十八大为夺取中国特色社会主义新胜利展现了更加广阔的前景，为社会主义现代化和中华民族的伟大复兴展现了更加壮丽的前景，为中国人民和中华民族的美好未来展现了更加灿烂的前景。让我们高举中国特色社会主义伟大旗帜，更加紧密地团结在党中央周围，解放思想、改革开放、凝聚力量、攻坚克难，在推进伟大事业中创造无愧于历史、无愧于时代、无愧于人民的新业绩，在面向现代化、面向世界、面向未来的历史进程中争取中国共产党人的新光荣。

(2012 年 11 月 14 日央视《新闻联播》)

◇例稿 5.4

关键在于自我调整

李娜又赢球了，而且连赢四场。连赢四场球，对久经沙场的李娜来说本来算不上什么。但又是打进悉尼网球赛决赛，又是在澳网之前找到状态，人们很容易将这种场景和去年这个时候李娜的神勇联系起来。李娜在赛场上的神勇表现，曾让国人印象深刻。而李娜在去年下半年的糟糕表现，也一度让李娜和期待李娜再度爆发的人们颇为沮丧。

李娜又找回状态了？单凭今年在悉尼网球赛上的表现，似乎还不足以说明问题。而对李娜来说，她在新赛季所面临的挑战似乎比以往任何时候都要多。社会活动多、心理波动大、潜在对手有备而来、保障团队不够成熟等因素，都需要李娜拿出勇气、智慧以及耐心来面对。而最为关键的，则是一不留神成为网坛大腕儿之后，李娜的自我调整能力是否足以应对暴涨的人气和频繁的赛事。

勇夺大满贯冠军，李娜已经在技战术、体能、心理、拼劲等多个层面证明了自己。经历了职业赛场上的大起大落之后，李娜还能走多远？一切都还需要李娜自己用行动来回答。

(央视体育频道消息)

训练提示：了解新闻事件，并加深理解，做到有感而播；弄清文章针对什么问题、为什么发表等；播音的态度要和稿件一致，做到态度鲜明、分寸得当。

【任务拓展】

一、将例稿编辑、播音、制作成完整的短评播音节目成品。

二、搜集本周重大新闻事件或突发事件，策划并完成一档5分钟的评论节目，写出策划文案，编辑消息及其短评文稿，播音、制作成完整的节目成品(要求视频)。

【思考测验】

一、短评的特点是什么？

二、怎样把握短评播音的技巧？

【评价方法】

考核表

考核模块	考核内容	考核方式	考核点	分值	评分标准			
					优 90～100分	良 75～89分	及格 60～74分	不及格 0～59分
(一)知识与技能目标	1. 对所学短评播音理论知识进行回顾,总结。	理论测验	1. 准确说出短评的特点及其播音技巧。	10				
	2. 对短评例稿《关键在于 自我调节》进行播音。	技能训练	2. 掌握短评的特点,体现短评在言之有物的同时短而有趣; 3. 播音基调正确,态度鲜明; 4. 结合社会实际,体现播讲目的重点突出; 5. 语音规范、语言清晰流畅。	20				
	3. 搜集本周重大新闻事件或突发事件,策划完成一档5分钟的评论节目,写策划文案,编辑消息及其短评文稿,播音、制作成完整的新闻短评播音节目成品(要求视频)。	作品评审	6. 能够运用短评播音的技巧进行播音; 7. 节目策划、文稿、节目播出单齐全; 8. 基调正确,态度鲜明,目的明确; 9. 语音规范、播音清晰流畅; 10. 节目完整,音乐协调。	50				
(二)过程与方法目标	4. 合作完成节目成品的过程表现。	综合评价	1. 能够获取、搜集、整理信息,甄选有价值信息; 2. 能够制定、实施工作计划; 3. 能够分析、发现、解决问题; 4. 具有理论知识的运用能力; 5. 能及时完成工作任务。	10				
(三)情感、态度、价值观目标	5. 出勤纪律、工作态度。 (违反第一条,10分全无)		1. 遵守工作纪律,自我约束力强,不迟到、早退、旷课; 2. 有职业道德与社会责任感; 3. 有较强的新闻敏感性,有一定的新闻工作者人文关怀意识; 4. 语言沟通能力、组织协调能力强,能够与团队成员团结协作,共同完成工作任务; 5. 能够实事求是完成工作评价,给出合理分值。	10				
自我评分(20%) + 小组评分(30%) + 教师评分(50%) /总分 :								
改进建议								

任务3　夹叙夹议的述评

【课前热身】

一、对以下新闻事件进行即兴评述。

二、要求主题突出，观点鲜明，状态积极，表达流畅。

三、时长不少于3分钟。

一岁女整容，其母称不能输在起跑线上

如今，在各大整形机构，妈妈们带着孩子前来咨询整形的场景，已司空见惯。但你见过这样雷人的吗？

昨日，在市急救中心整形科，一个爱美的妈妈怕女儿容貌输在起跑线上，竟将刚满1岁的女儿抱到医院，要做双眼皮手术。

妈妈的这一行为遭到医生的断然拒绝和批评。专家称，整形美容必须符合人体生理的客观规律，一般要在人体发育成熟阶段才能做。同时，整形手术是本人审美认知意愿，即使家长，也无权将自己的审美观念强加给孩子。

记者从市急救中心、中医附二院等多家医院整形科了解到，肖某希望让1岁女儿做双眼皮手术只是一个极端个案而已，但家长希望孩子变得更完美，主导孩子整形的案例并不鲜见。

据了解，现在青少年整形日渐风靡，尤其到了寒暑假，不少整形机构格外繁忙，不少高中生在家长的带领下到医院咨询，诸如做双眼皮、隆鼻、隆下巴等整形手术。

整形医生称，在日常问诊中，六成以上的孩子是在家长的"怂恿"下到医院整形。尤其是即将考大学的孩子，大部分家长希望通过整形进一步提高孩子的形象气质。

（新浪网2012年4月消息）

【学习目标】

一、了解述评的特点。

二、掌握述评的形式和述评播音的技巧。

三、运用述评技巧进行播音。

【情境导入】

小张目前在一档评论节目中担任实习男主播，每次遇到要夹述夹议的述评他就犯难了，制片人总说他在述评中没有处理好述和议的关系，议的内容太多了，语言啰嗦，述评没有做到严肃、郑重而又不缺乏亲切和信任感。

你认为要如何才能解决这些问题呢?

【重点解析】

一、述评的特点

夹叙夹议的述评，多用在导语、解说词、串联词当中，也许只有十几个字，多则百十来字，形式自由，位置灵活。点评的内容出自主持人对新闻信息迅速而敏锐的反应，它是主持人对新闻价值的准确把握和对社会现实情况的深入了解。述评的特点是：评述结合，以评为本；述中有评，评中有述；由述而评，以评驭述。

二、述评的表达形式与技巧

述评主要有三种表达形式：一是先议后述(概括式)。这时的议论往往出现在开始，主要作用是提示和点题。二是先述后议(总结式)。这时的议论往往出现在结尾，其作用是总结全文、深化主题、画龙点睛、启迪思维等。三是边述边议(包容式)，即边叙述事实，边进行议论，以发表对所述事实的看法与观点。

述、评二者的关系是：述是评的基础，评是述的深化。换一种说法，述是铺陈，评是点染。一般说来，评的语言不宜太长，应做到精辟、简练。

述评的技巧：1. 选准评论契合口，寓理于情。述评是叙述和评论交互穿插的一种表现方法，“评”是表达的一种认识，这种认识要富于哲理，要富有激情；在叙述时选择“评”的契机，掌握火候，做到恰到好处。它往往是即事生议、就议述事、述议浑然结合。运用好述与评能达到事显理明和平添情致的艺术效果。2. 处理好感情态度与语气，寓情于理。评论播音中的“情”，应该说通过前面的分析理解一开始就明确的。随着议论的深入“情”也不断的运动，这就形成了“寓情于理”，用语气来把握“情”，体现宣传目的。播音时应运用中肯的、明朗的、恰当的语气，并随逻辑不断深入，同时根据播讲目的来掌握。

三、评论播音中节奏的何把握

不同的文章也有不同的节奏。播音时不能语速过快，尽量给观众回味和思考的余地，多停顿(不影响语义时候)，增强说服力和感染力。还要以理服人，不要把自己的情绪、观点强压于人，运用大方而又宽广的气度达到播讲效果，做到严肃、郑重而又不缺乏亲切和信任感，寓情于理、情理交融令人听后信服。可以学习借鉴央视《新闻周刊》、《第一时间》的“读报”板块、湖南经济电视台《钟山说事》、北京电视台《元元说话》湖南电台交通频道的《国生读报》等节目。

【课堂训练】

◇例稿 5.5

“高富帅”也可以“最美”

周江疆为救员工两度冲进火海。10 名员工全部获救，他却不幸牺牲。这一次，网络上飞向一位不折不扣“富二代”的不是一块块板砖，而是一根根悼念的蜡烛。虽然人们早已对炫富欺人、拼爹比权的“高富帅”习以为常，但社会评论和地位、财富原本不应直接相关。抱起小悦悦的是拾荒阿婆，冲进火场抢救下属的也有“富二代”，只要行为真善美，不管是草根底层还是“高富帅”，都可以“最美”。字字褒义的“高富帅”被贴上炫目的贬义标签，一方面，固然因为一些自恃“老子是儿子的通行证”的官二代、富二代们纸醉金迷、罔顾道德、蔑视法律，最终导致“儿子是老子的墓志铭”；另一方面，也在于由此导致的社会情绪偏颇。中国人自古崇尚“君子爱财取之有道”，梁山好汉们心驰神往甚至不惜为之扯旗造反的生活也不过是“大碗喝酒，大块吃肉，大秤分金银”。所以，表面上是“仇富”，实际上是“仇腐”。地位越高、财富越多，责任也越大。为官不腐、为富而仁，在日常生活中平和谦虚、尊重他人，其实是社会对“高富帅”们的合理期待。

网友说得好，“高富帅”更应当被诠释成“高尚的人品，富有的精神，帅呆的行为”。社会期待一个不以出身家世贴标签、划阶层、造对立的包容舆论氛围，也期待更多的“高富帅”们像周江疆一样传播正能量、播撒大感动。

（浙江卫视消息）

训练提示：在播音前了解新闻事件；明确播音态度和目的，注意节奏把握，尽量给听众回味和思考的余地；感情和语气要一致，运用中肯、明朗、褒扬的语气。

【任务拓展】

一、对例稿进行编辑、播音，制作成完整的评论播音节目音频成品。

二、搜集本周最新事件的评论，编辑、播音、制作一期完整的新闻述评播音节目视频成品，时长 5 分钟。

【思考测验】

一、述评有哪些特点？

二、如何把握述评播音的技巧？

【评价方法】

考核表

考核模块	考核内容	考核方式	考核点	分值	评分标准			
					优 90～100分	良 75～89分	及格 60～74分	不及格 0～59分
（一）知识与技能目标	1. 对所学夹叙夹议的述评理论知识进行回顾，总结。	理论测验	1. 准确说出述评的的特点、表达形式和述与评的关系。	10				
	2. 对例稿《“高富帅”也可以“最美”》进行播音。	技能训练	2. 掌握述评的技巧和特点； 3. 选准评论契合点，寓情于理，情理交融； 4. 态度鲜明，符合稿件播讲目的； 5. 语音规范、播音清晰流畅。	20				
	3. 搜集本周最新事件的评论，编辑、播音、制作一期完整的新闻述评播音节目视频成品，时长5分钟。	作品评审	6. 能够运用述评的技巧进行播音； 7. 节目策划、文稿、节目播出单齐全； 8. 基调正确，评论契合点恰当，寓情于理，情理交融； 9. 语音规范、播音清晰流畅； 10. 节目完整，音乐协调。	50				
（二）过程与方法目标	4. 合作完成节目成品的过程表现。	综合评价	1. 能够获取、搜集、整理信息，甄选有价值信息； 2. 能够制定、实施工作计划； 3. 能够分析、发现、解决问题； 4. 具有理论知识的运用能力； 5. 能及时完成工作任务。	10				
（三）情感、态度、价值观目标	5. 出勤纪律、工作态度。（违反第一条，10分全无）		1. 遵守工作纪律，自我约束力强，不迟到、早退、旷课； 2. 有职业道德与社会责任感； 3. 有较强的新闻敏感性，有一定的新闻工作者人文关怀意识； 4. 语言沟通能力、组织协调能力强，能够与团队成员团结协作，共同完成工作任务； 5. 能够实事求是完成工作评价，给出合理分值。	10				
自我评分（20%）+ 小组评分（30%）+ 教师评分（50%）/总分：								
改进建议								

任务4 评论播音补充训练

【学习目标】

一、强化评论播音语体的训练。加强对评论播音的态度分寸的把握。

二、运用所学理论知识完成例稿播报训练、上镜播报训练。

三、根据给定的新闻事件做出恰当的评论，并以完整的播音节目形式予以呈现。

【课堂训练】

◇例稿5.6

人民日报社论：担当历史使命的坚强领导集体

明天出版的人民日报将发表社论《担当历史使命的坚强领导集体》。

文章指出，中国共产党第十八次全国代表大会选举产生了新一届中央委员会，党的十八届一中全会选举产生了新的中央领导机构，一批德才兼备、年富力强的领导干部进入新一届中央委员会和中央领导机构。选举结果体现了全党意志，反映了全国各族人民心愿，表明了我们党兴旺发达、充满朝气、富有活力。

文章说，党的十六大以来，以胡锦涛同志为总书记的党中央，高举中国特色社会主义伟大旗帜，团结带领全党全国各族人民，奋力把中国特色社会主义推进到新的发展阶段，赢得了全党全国各族人民高度信任和衷心拥护。现在，为了党和人民事业继往开来，为了推进党的领导层新老交替，他们中的许多同志带头从党中央领导岗位上退下来，表现了共产党人的宽阔胸怀，表现了对党和人民事业的无比忠诚。

文章强调，全党同志深信，以习近平同志为总书记的党中央，一定会团结带领全国各族人民，坚定不移沿着中国特色社会主义道路前进，为全面建成小康社会而奋斗，完成时代赋予的光荣而艰巨的任务。

（2012年11月15日央视《新闻联播》）

◇例稿5.7

让爱“心”继续跳动

《新闻联播》连续两天关注了器官捐献的故事，普通人的爱心善举深深感动社会。当生命结束时，器官对逝者已经失去意义，而对挽救生命却是无价之宝。在告别世界时，让这颗心，或者其它脏器，带着爱的力量，在他人体内继续跳动，这不仅是完整人生的最终取舍，也是社会文明进步的价值标尺。

（2012年11月25日央视《新闻联播》）

◇例稿5.8

公民信息安全期待法律保障

在信息时代，个人信息能够带来巨大经济利益。暴利的诱惑，导致不法分子铤而走险。从已经曝光的案例来看，部分机构和商家没有妥善保护客户信息，甚至有的本身就是利益链条中的一环，严重损害公民的合法权益。要根治个人信息泄露的“顽疾”，必须用法律武器。

安全没保障，消费感受就打折扣；服务有破绽，生活质量就受拖累。信息社会在飞速向前，法律监管需要如影随形，紧紧跟上。对于采集公民信息的机构和商家，需要进行严格的规范；对于恶意泄露和买卖公民信息的行为，要依法严厉打击。只有多管齐下，加强个人信息保护，才能真正还公众一片安全的天空。

（2012年12月18日央视《新闻联播》）

◇例稿5.9

国奶与世界的距离不只是0.15毫克

据世卫组织消息，联合国为牛奶中三聚氰胺含量设定了新标准，每公斤液态奶中三聚氰胺含量不得超过0.15毫克。中国卫生部等五部委2011年发布的三聚氰胺限量值显示，婴儿配方食品中三聚氰胺的限量值为1mg/kg，其他食品中三聚氰胺的限量值为2.5mg/kg。(7月5日新华网)

三聚氰胺含量上的限定，0.15毫克与2.5毫克，以直观、形象且有冲击力的数字表现了中国标准与世界标准的距离。虽然0.15毫克与2.5毫克有将近20倍的差距，但我觉得，我们的奶业标准跟发达国家的最大差距，并不在于这个标准，而在于对标准的执行。0.15毫克的标准虽很高很严苛，但如果执行和监管非常松散，监管程序形同虚设，一流的标准遇到末流的执行，标准也会变成末流。相反，2.5毫克的标准虽然比较低，但如果有严格的执行，将这个刚性标准执行到位，标准仍可算是一流。毕竟，从专业和科学上看，三聚氰胺的限量值为2.5mg/kg，对人的健康并无危害。

不仅是奶业，中国的食品安全最大的问题，并非定的标准比发达国家低，而是对标准的落实缺乏严厉的执行和监管。即便最严厉的监管和法律，得不到执行，也只具观赏价值。中国的那些奶业丑闻，并不是所做的牛奶不符合国家制订的标准，而是那些远远低于国家标准的脏奶毒奶，却能突破道道防线流到人们的餐桌上和胃里。

所以，我们与发达国家最大的差距，在于对标准的执行。发达国家的高标准与严执行，带来的是一个更安全的食品环境；而我们不算高的标准，加上一个更不可靠的执行和监管，便会导致一个不好的结果。向世界学习，首先要学严厉的监管。

（央视新闻频道2012年8月消息）

◇例稿 5.10

高尚师德的生动诠释

在突如其来的车祸面前，在生死攸关的危急时刻，张丽莉，一名普通的年轻女教师，勇敢地以自己的血肉之躯保护学生，把生的希望留给学生，把死的危险留给自己，为学生的生命安全撑起了一片大爱的天空。张丽莉用生命诠释了教师的爱心，用热血见证了师德的高尚。她的感人事迹迅速传遍大江南北，受到社会广泛赞誉，她的严重伤情也牵动着众人的心，人们通过各种方式为这位“最美女教师”祈福。

爱心和责任，是新时代师德精神的灵魂。师爱，是一种高尚之爱、无私之情。张丽莉之所以令人钦佩、让人感动，正在于她在电光石火的一刹那，作出了超乎寻常、不同于一般人的选择——牺牲自己、保护学生。张丽莉的高尚行为，充分体现了人民教师始终以学生为本的无私精神，塑造了新时期人民教师的光辉形象，诠释了高尚师德和社会主义核心价值观。张丽莉无愧于人民满意的教育事业，是当代教师的优秀代表。

高尚师德彰显在危急之时，却孕育在教育教学点滴之中。张丽莉对学生像妈妈一样的慈爱，纯洁无私的大美，并不只是闪现在救人的一瞬间。她从不请一天假，从不落一节课，从不放弃一个学生，为了学生健康成长，张丽莉甚至可以舍弃自己的一切。这种在教书育人岗位上平凡坚守、默默耕耘、无私奉献的可贵精神，是关键时刻舍身保护学生的力量源泉。我们相信，在日常的教育教学中，对学生的爱早已深深植入张丽莉的心灵深处。高尚师德，是广大教师长期历练、不断积累的结果。自从走上讲台那一刻起，人民教师就已经担起了一份沉甸甸的责任：不仅要教给学生知识，更要教会他们做人，还要以自己的责任甚至生命保障学生的安全。

张丽莉今年只有28岁，是一名“80后”教师，却在关键时刻承担了比她的年龄沉重得多的担当。张丽莉的高尚行为向世人昭示：中国的年轻一代是值得信赖、堪当重任的一代，中国的年轻教育工作者更是充满希望和有崇高责任感的一代。优良传统和时代精神必将在他们的身上不断赓续、发扬光大。张丽莉的英雄事迹和引发的社会反响也充分说明：师德是社会良心的重要标志，是社会道德的重要标杆。广大教师只要真正做到“学高为师，德高为范”、“学为人师、行为世范”，就一定能在老百姓心中树起一座令人景仰的丰碑。

张丽莉是我们的好教师、我们的好榜样。广大教师和教育工作者要向张丽莉学习，学习她忠诚于教育事业的坚定信念；学习她临危不惧、舍生忘死、奋不顾身的崇高品德；学习她关爱学生、为人师表、爱岗敬业、无私奉献的高尚师德。

（湖南卫视2012年7月消息）

◇例稿 5.11

他们为什么不喜欢苹果?

就当中文社会都在为一个叫史蒂夫·乔布斯的美国人辞职的消息纷纷发表惋惜、感慨、颂扬、解读之词时，也许我可以说点别的。因为关于史蒂夫·乔布斯这个人，我得说我完全不认识他，既没跟他说过话，也没跟他哪怕见过一次面。我不太能搞明白为什么每个人都弄得跟乔布斯很熟似的在评价他。

我对乔布斯到底怎么缔造的苹果帝国并没有多大兴趣，说到底这东西还是逃不了成功学的范畴。倒是老乔布斯对比尔·盖茨先生的评价比较有趣："要是他年轻的时候服用过迷幻药，或是去过嬉皮士扎堆的地方，那他会是一个心胸更宽大的人。"

想必老乔布斯在年轻的时候一定服过那种叫 LSD(致幻剂)的神奇发明，也当做嬉皮士，可能还喜欢过鲍勃·迪伦、"感恩至死"乐队、詹尼斯·乔普林小姐……所以在老乔布斯的经典语录中，总有一种反叛精神贯穿其中。比如当人们认为科技改变一切时(这实际是对他的吹捧)，乔布斯则说，"如果总是以这种激进的新角度来看待事物，认为科技将改变一切，却是有害而无益的。事物不见得非得改变世界才变得重要"。但是这位曾经可能的"嬉皮士"却制造了一个消费帝国，苹果几乎将消费文化表现得最淋漓尽致。有人为了一台苹果手机去卖肾，也有人为了买到新发布的 iPad 彻夜排队。这种事不分种族不分国家发生在整个地球上。地球人被苹果所打造的消费帝国迷得神魂颠倒。

尽管如此，总还有些不喜欢苹果的人。比如反叛精神的代表，美国民谣歌手鲍勃·迪伦老师。在接受《滚石》杂志采访时，迪伦说，"在街上看着那么多年轻人耳带 iPod 或手机，沉迷于媒体与电子游戏中，这让人感觉怪异而不太舒服。它们抹去了每个人的个性。看着人们关上了通往真实世界之门，让人羞耻。当然，这是他们的自由，就像他们有做任何事情的自由一样。自由的代价很高，年轻人在使用这些电子玩意儿之前应该先搞懂这点"。

也不止这位美国人老乡这样认为，日本动画大师宫崎骏老先生也表示了对苹果的不满。他在接受《热风》杂志的采访时表示，自己对 iPad 没有任何兴趣，而且对人们抚摸那台机器的样子感到恶心。他遗憾地表示："过一阵子，电车上以自慰般的奇怪手势抚摸 iPad 的人会多起来吧。"

包括苹果在内的科技公司和大众传媒，还有一些为科技欣喜若狂的人，总是在乐此不疲地传递一个信息：科技和电子产品为人们节省了时间，并改变了世界。但人们用这些省下来的时间做什么了呢?既没有去躺在草地上吹吹风看看月亮，也没有多陪伴一下亲人，而是花费更多的时间在电子产品上。

在 iPad、iPhone、MacBook 所呈现的美丽新世界中，有花有草有蜜蜂有蝴蝶，但我们是否忘记了真正的花朵的芬芳和蝴蝶翅膀扇动时带来的震动呢?

（长沙政法频道 2012 年 7 月消息）

◇例稿 5.12

《舌尖上的中国》走红 观众深夜守候

这几天，纪录片《舌尖上的中国》火了，不仅吸引无数观众深夜守候，垂涎不止，更让许多人流下感动的泪水。

本来，无论从选题还是从播出时间来看，《舌尖上的中国》都只能算是荧屏上的“弱者”。它出乎意外地走红荧屏，带给我们超越美食的思考。

哲学家费尔巴哈有句名言，人就是他所吃的东西。从一开始，《舌尖上的中国》就不只是一部关于吃的纪录片。“看着笋挖出来，火腿吊起来，渔网里闪闪发亮，揭开蒸笼白花花、冒着蒸汽的馒头，拉面摔打在案板上的脆响……都让人激动得落泪。多可爱的中国”。从舌尖上的中国，到味蕾中的故乡，影片所展示的厚重感，体现了该片的独特性——通过美食这个窗口更多地看到中国人、人和食物的关系、人和社会的关系。看这部充满温情的纪录片，有人想起了小时候“妈妈的味道”，有人体会到了“粒粒皆辛苦”的不易，也有人升华到了“爱国主义”的境界，还有人上升到了“文化输出”的高度……一部作品为何能在不经意间获得超越话题的巨大影响？“不是空洞地宣扬饮食文化的博大精深，而是从美食背后的制作工艺和生产过程入手，配合平常百姓的生活，在情感上引起共鸣”，一位网友的评价，指出了该片的成功所在：真诚的态度，真实的力量。反观当下许多作品，高投入、高科技、大场面……什么都不缺，却唯独少了真实；什么都尽心尽力，却唯独没有真诚。

有一个不太悦耳的说法：美国人喜欢拍科幻片是因为找不到历史，中国人喜欢拍穿越剧是因为不展望未来。这样的武断结论值得商榷，但它提出的问题却发人深省。如果满足于闭门造车，没有对现实的观照，或者只关注少数人锦衣玉食的奢靡，却无视普通人丰衣足食的愿望，不管是穿越历史，还是畅想未来，都不可能有打动人心的力量。

文化体制改革正在深入推进。转型的挑战、创新的压力，考验着每一个文化从业者。然而，有一些人依然故我，在陈旧空洞的说辞中打转；有一些人以种种束缚为由，在改革创新中趑趄不前；也有一些人在遭遇批评质疑时，归咎于观众的“审美取向”和论者的“外行身份”……作为商业纪录片，《舌尖上的中国》告诉我们，即便是“爱国主义”的宏大主题，也可以充满细节与温情；即便是对外传播中国形象，也应该展示普通中国人的喜怒哀乐；即便是纯粹的商业类节目，也可以实现艺术与经济的双赢。

“带着对食物的敬意和感情做这个纪录片”，导演陈晓卿这句话令人印象深刻。真诚是艺术的第一要义，感动自己才能感动别人，自己相信才能说服别人，这是该片走红的“秘诀”，也是每个文化创作者应该深思的问题。

（央视新闻频道 2012 年 7 月消息）

◇例稿5.13

人民的梦想是最宝贵的发展动力

现在播送本台评论:《人民的梦想是最宝贵的发展动力》。

中国梦归根到底是人民的梦。在今天的中国,人民的梦想已经超越温饱,追求更高品质的物质和精神生活,期待实现更高的人生价值。这种梦想的升级,是由发展带来的,也会带来新的发展。

要有更高的收入,要有更公平的机会,要有更优质的环境,把人民的梦想归拢起来看,当代中国最紧迫、最优先的任务也就摆在了面前。这些任务完成得越好,中国梦变成现实就离我们越近。一句话:人民的梦想是我们的努力方向,也是我们最宝贵的发展动力。

(2013年03月19日央视《新闻联播》)

◇例稿5.14

用乡村教师的人生追求弘扬真善美精神

连日来,由中央电视台和光明日报社共同主办的2012年"寻找最美乡村教师"大型公益活动,吸引了数以万计的网民参与。截至目前,已征集候选人线索1300多个。

"寻找最美乡村教师"活动已是第二年举办,今年的活动于6月11日正式启动。该活动面向全国846万扎根乡村的普通教师,通过寻找、发掘、宣传他们中间的典型代表,展现乡村教师淡泊名利、执着坚守、甘于奉献的精神品格和高尚情操,在全社会大力弘扬社会主义核心价值观,积极营造尊师重教的浓厚氛围,引导更多的人关注和关心农村教育、支持和帮扶乡村教师及农村学校,为我国农村教育事业发展贡献力量。

我国有一半以上的学龄儿童在农村。在一些较为偏僻的乡村,教师不仅是教育事业的支柱,还承担着传播科学技术和先进文化、提高农民劳动技能和创业能力的使命。但他们中的绝大多数人,都是在简陋的教室中授课,用微薄的工资生活,甚至还会用这份微薄的工资资助更为贫困的学生。他们中,有34年间坚守湖北郧县最偏远的教学点,背送两代学生过河上学的邹桂芬;有创办了全国首个留守儿童寄宿制村级小学,为留守儿童筑造温暖"爱巢"的陈万霞;有罹患鼻咽癌中晚期依然坚守讲台,带领学生取得全县中考第二名的郑爱华……

在"寻找最美乡村教师"的过程中,媒体人也一次次被乡村教师安贫乐道、传递知识灯火的人生选择所打动;媒体人不断远离城市,深入乡村、大山的脚步和足印,明确回答了新闻媒体的定位在哪里、坐标在哪里、根在哪里的问题。

在启动仪式上,中央电视台台长胡占凡表示,"寻找最美乡村教师"活动将进一步发挥主流媒体的舆论引导力,充分运用电视、报纸、网络等多种媒介形式,调动社会各方共同努力,将活动打造成一个持续的长期的文化帮扶平台和社会公益品牌。

这项活动必将凭借其丰富的活动形式、充实的活动内容、生动的情感表达、重要的现实意义，成为央视和光明日报打造公益品牌行动中浓墨重彩的一笔。

可以说，“寻找最美乡村教师”活动是央视、光明日报等多家媒体的“海陆空”联合作战。它既是推动落实国家关于农村教育发展各项部署的有益尝试，也是新闻媒体通过主动设置议题来引导舆论、弘扬核心价值的一次宣传实践，还是凝聚社会力量共同关注和帮助乡村教师解决实际问题的爱心之举。

无论是广电媒体，还是平面媒体、网络媒体，坚持正确导向，担负社会责任，都是题中应有之义，是责无旁贷、义不容辞的责任与使命，也是党和人民对新闻媒体的期望和要求。用撼动人心的乡村教师的人生追求和情怀弘扬、见证真善美精神，用正确的舆论导向推动社会进步，方能彰显主流媒体的社会责任。

（央视新闻频道2012年8月消息）

【任务拓展】

一、根据例稿策划一期评论播音节目，编辑、播音、制作成完整的评论播音节目成品。

二、搜集最新新闻事件的评论，编辑、播音、制作一期完整的新闻评论播音节目视频成品，时长5分钟。

【评价方法】

评论播音单元综合训练考核表

考核模块	考核内容	考核方式	考核点	分值	评分标准			
					优 90～100分	良 75～89分	及格 60～74分	不及格 0～59分
(一)知识与技能目标	1. 对所学评论播音理论知识进行回顾,总结。	理论测验	1. 准确说出评论播音的基本要求、播报技巧。	10				
	2. 选择例稿5.6～5.13的内容2～3条上镜播音。	技能训练	2. 掌握评论播音的技巧和特点; 3. 语音规范、播音流畅; 4. 观点正确、逻辑严密、态度分寸得当; 5. 评论语体特征把握准确。	20				
	3. 搜集最新新闻事件的评论,编辑、播音、制作一期完整的新闻评论播音节目视频成品,时长5分钟。	作品评审	6. 能够运用评论的技巧进行播音; 7. 策划、文稿、稿签齐全;导向正确,主题突出; 8. 语音规范、播音流畅、编排合理、制作精良; 9. 掌握评论的播音技巧; 10. 准确把握评论播音的态度分寸。	50				
(二)过程与方法目标	4. 合作完成节目成品的过程表现。	综合评价	1. 能够获取、搜集、整理信息,甄选有价值信息; 2. 能够制定、实施工作计划; 3. 能够分析、发现、解决问题; 4. 具有理论知识的运用能力; 5. 能及时完成工作任务。	10				
(三)情感、态度、价值观目标	5. 出勤纪律、工作态度。 (违反第一条,10分全无)		1. 遵守工作纪律,自我约束力强,不迟到、早退、旷课; 2. 有职业道德与社会责任感; 3. 有较强的新闻敏感性,有一定的新闻工作者人文关怀意识; 4. 语言沟通能力、组织协调能力强,能够与团队成员团结协作,共同完成工作任务; 5. 能够实事求是完成工作评价,给出合理分值。	10				
自我评分(20%)+小组评分(30%)+教师评分(50%)/总分:								
改进建议								

模块三

新闻专稿播音

任务1　新闻专稿播音前的备稿

【课前热身】

一、对“神九飞天”成功事件进行评述，完成一篇口头小议论文。

二、要求新闻评论观点正确、鲜明，状态积极，语言流畅。

三、时长不少于2分钟。

【学习目标】

一、了解新闻专稿的含义及其写作特点与分类。

二、掌握新闻专稿的播报要求与备稿方法。

三、运用备稿方法写出新闻专稿的分析笔记并播音。

【情境导入】

主持与播音专业大一学生李潇暑假到电视台实习，栏目组有篇新闻专稿让他配音。他配好以后请栏目组长审听，组长说不行，你这是一般的消息播报。然后，组长让他观看了中央电视台的新闻专稿——电视片《感动中国》。看后，他明白了，新闻专稿和一般的消息播报的确不一样。

以下是央视《感动中国》新闻专稿，注意其与一般的消息播报有什么不一样。

恪守孝道的平凡女孩

命运对孟佩杰很残忍，她却用微笑回报这个世界。

五岁那年，爸爸遭遇车祸身亡，妈妈将孟佩杰送给养母刘芳英抚养。养母三年后因手术失败瘫痪在床，养父不堪生活压力，一走了之。绝望中，刘芳英企图自杀，但她放在枕头下的40多粒止痛片被孟佩杰发现，“妈，你别死，妈妈不死就是我的天，有妈就有家”。

从此，母女二人相依为命，家中唯一的收入来源是刘芳英微薄的病退工资。当别人家的孩子享受宠爱时，八岁的孟佩杰已独自上街买菜，放学回家给养母做饭。个头没有灶台高，她就站在小板凳上炒菜，摔了无数次却从没喊过疼。

在同学们的印象中，孟佩杰总是来去匆匆。她每天早上六点起床，替养母穿衣、刷牙洗脸、换尿布、喂早饭，然后一路小跑去上学。中午回家，给养母生火做饭、敷药按摩、换洗床单……有时来不及吃饭，拿个冷馍馍就赶去学校了。晚上又是一堆家务活，等服侍养母睡觉后，她才坐下来做功课，那时已经九点了。

“女儿身上最大的特点是有孝心、爱心和耐心”，刘芳英说如果有来生，她要好好补偿女儿。为配合医院的治疗，孟佩杰每天要帮养母做120个仰卧起坐、拉腿240次、捏腿15分钟。

2009年，孟佩杰考上了山西师范大学临汾学院。权衡之下，她决定带着养母去上大学，在学校附近租了间房子。大一那年的暑假，孟佩杰顶着炎炎烈日上街发广告传单，拿到工资后的第一件事就是买养母最爱吃的红烧肉。

“我只不过做了每个女儿都会做的事”。不少好心人提出过帮助，都被孟佩杰婉拒了，她坚持自己照顾养母。

虽然孟佩杰的身世可怜，但她不向命运低头，依然勇敢地面对生活。

孟佩杰的毕业愿望是当一名小学老师，安安稳稳，与养母简单快乐地生活。

【重点解析】

一、新闻专稿的含义、特点与分类

新闻专稿是详细、生动的新闻报道。新闻专稿属于新闻报道范畴，与消息一样提供新闻事实，其时效性要逊于消息，不过，它比消息更加详细、具体、生动，也更有深度。

新闻专稿的分类：一般可以分为三类，即人物通讯，事件通讯，风貌通讯。

人物通讯：通过人物感人的言论和行为，表现人物的思想品格，揭示人物的精神境界，弘扬真善美，树立学习榜样。

事件通讯：通过详细叙述一个引人关注事件发生、发展、变化的过程，说明一个问题，表现一定的思想意义。

风貌通讯：通过详细报道某地区、某单位的自然风光、人文历史、风土人情以及新情况、新变化，使人扩大视野、增长知识、陶冶情操、开阔胸怀，受到多方面的启发、教育和鼓舞。

二、新闻专稿的播音特点

新闻专稿写作上的特点决定了它播报上的特点，就是形象生动、真实感人。具体要求是：

1. 准确：内容准确，基调准确，层次分明，意思抱团。

2. 真实：感情真实，表达朴实。

3. 生动：形象鲜活，表达灵活，分寸得当。

三、新闻专稿播音备稿

运用备稿“六步”，深刻分析新闻专稿的内容、细致感受新闻专稿的情景，在产生真情实感的基础上，准确把握基调，产生强烈播讲愿望，促成形象生动、真实感人地播音表达。

【课堂训练】

训练要求：分小组各自选定一条新闻专稿，共同备稿（对稿件可以适当缩编），查找背景，明确播出目的，确定基调，并播音。

◇例稿 6.1

人物通讯——科学泰斗钱伟长

事迹：

赤子钱伟长（1912～2010），江苏无锡人，中国近代力学之父，著名的科学家、教育家。

钱伟长早年攻克物理学，留学加拿大期间已经显露出非凡才华。28 岁时，他的一篇论文已经让爱因斯坦（在有生之年）大受震动，并迅速成为国际物理学的明星。

抗战结束后，钱伟长坚持回到祖国，在艰苦的条件下，拒绝美国科学界的诱惑，忠于祖国，坚持实现“科学救国”的抱负。为新中国开创了力学科学教育体系。他学贯中外，对中国科学事业的发展做出了巨大的贡献。

1946 年，他与冯·卡门合作发表了《变扭率的扭转》，成为国际弹性力学理论经典之作。

1947 年，在正则摄动理论方面创建了以中心挠度 wm 为摄动参数作渐近展开的摄动解法，在国际力学界被称为“钱伟长方法”。

1948 年，在奇异摄动理论方面写出有关固定圆板的大挠度问题的渐近解，称为“钱伟长方程”。

新中国成立后，致力科学理论和工程力学领域，成为我国近代应用数学与力学的奠基人之一。

1957 年，钱伟长被错划为右派，受到不公正待遇，但是钱伟长仍然没有放弃科研和对祖国的忠诚。1977 年以后，他不辞辛劳，去祖国各地做了数百次讲座和报告，提倡科学和教育，宣传现代化，为富民强国出谋划策。1990 年以后，他为香港、澳门回归祖国及和平统一祖国的大业奔走。

有人说，钱伟长太全面了，他在科学、政治、教育每个领域取得的成就都是常人无法企及的。钱伟长说：“我没有专业，国家需要就是我的专业；我从不考虑自己的得与失，祖国和人民的忧就是我的忧，祖国和人民的乐就是我的乐。”他用九十八年多的报国路诠释了自己一直坚持的专业：爱国。

颁奖词：

从义理到物理，从固体到流体，顺逆交替，委屈不曲，荣辱数变，老而弥坚，这就是他人生的完美力学，无名无利无悔，有情有义有祖国。国家利益重于一切的科学泰斗——钱伟长。

（央视2010年《感动中国》）

◇例稿6.2

事件通讯——汶川抗震救灾纪实

2008年5月12日14时28分，我国四川省汶川县发生8.0级地震。地震波及16个省、市、自治区。波及之广，为几十年来所罕见。人民群众生命财产安全受到严重威胁。

灾情就是命令，时间就是生命！胡锦涛总书记作出重要指示，中共中央政治局常委会召开专题会议，全面部署抗震救灾工作，立即成立抗震救灾总指挥部。

一方有难，八方支援！从中央到地方，各级领导深入灾区，举国上下全体动员，数支抗震救灾队伍第一时间整装待发，奔赴灾区！

近一步，再近一步！我们用双脚丈量与你之间的距离；快一点，再快一点！我们和时间争夺着你的平安。我们知道，对你而言，黑暗中的等待，每一秒都长过百年；我们知道，对我们而言，每一秒的流逝，都有可能让我们与你的生命错失！生命不能等待，所以就是用手，我们也要一刻不停地为你挖出黑暗中的光芒；生命不能等待，所以就算用肩膀，我们也要扛起巨石，为你撑开生命的希望！

（央视2008年《抗震救灾募捐晚会》资料片）

◇例稿6.3

风貌通讯——话说长江部分解说词

您可能以为，这是大海，是汪洋吧？不，这是崇明岛外的长江！

您可能会联想到长长的飘带、洁白的哈达。是啊！多么美呀，这也是长江！

如果说是三级跳远的话，那么，我们刚才从长江的入海的地方起跳，中间在三峡落了一脚，现在已经跳到世界屋脊的青藏高原了。长江，就是从这里起步，昂首高歌，飘逸豪放地奔向太平洋。长江在这个世界上已经生活了千千万万个春秋了，可他还是这样年轻，这样清秀！他总是像初生的牛犊一样不知疲倦，永远充满着青春的活力。

长江发源于唐古拉山山脉的主峰格拉丹东雪山的西南侧。它从西到东，流淌在中国大地的中部，稍稍偏南一点。在从前的地理教科书里，说长江的长度是5千多公里，近几年来，经过我国科学工作者千辛万苦的实地勘测，获得了比较确切的数据——长江的实际长度是6380多公里。从长度来讲，除南美洲的亚马逊河和非洲的尼罗河以外，长江就是世界上当之无愧的第三大河。

长江的干流从青海出发，流经西藏、四川、云南、湖北、湖南、江西、安徽、江苏、上海一共10个省、市、自治区，最后注入东海。长江的支流洋洋洒洒分布在甘肃、陕西、河南、贵州、广西和浙江。整个长江流域的面积多达180万平方公里，占我国陆地面积的五分之一。自古以来，人们对长江有许多叫法。起初，就叫江；后来叫大江。如今的规范叫法是这样的：从源头到楚玛尔河口，叫沱沱河；从楚玛尔河口到玉树的巴塘河口，叫通天河；从巴塘河口到四川的宜宾，叫金沙江；从宜宾直到入海口，叫长江。长江的干流又分成上游、中游、下游。从江源到湖北的宜昌，叫做上游；从宜昌到江西的湖口，叫做中游；从湖口到崇明岛东面的入海口，叫做下游。长江拥有700多条支流，其中岷江、嘉陵江、乌江、沅江、湘江、汉江和赣江等7条主要支流的年流水量都分别超过了黄河。长江接纳了这么多的支流，还把我国四大淡水湖中的洞庭湖、鄱阳湖和太湖串联了起来。犹如长藤接瓜，形成了庞大的长江水系。长江每年把1万立方米的水注入浩无边际的大海，这可是相当于20条黄河的水量啊。长江的水能蕴藏量多达2亿6千万千瓦，它占全国水能蕴藏量的40%。在世界上，美国、加拿大和日本的水能蕴藏量的总和刚刚赶上长江。可是现在长江水能的蕴藏量却只利用了3%。如果翻两番，那也只有12%，假如能达到90%，到那个时候，我国电力能源的供应情况将会发生多么巨大的变化呀！

训练提示：要对新闻专稿进行备稿分析，深刻理解，细致感受，准确把握全篇基调，播音时努力做到形象生动、真实感人。

【任务拓展】

一、各小组根据所给通讯例稿(或新闻专稿播音补充训练例稿)，撰写一期新闻专稿播音节目策划，并播音、制作成完整的播音节目成品(音频或视频)。

二、自主搜集稿件素材，撰写新闻专稿播音节目策划文案，编辑、播音、制作成完整的新闻专稿播音节目成品(音频或视频)。

【思考测验】

一、什么是新闻专稿？新闻专稿在写作上与消息有什么异同？

二、新闻专稿在播报上有什么特点和要求？

三、三种不同类型新闻专稿各有什么特点？

四、新闻专稿播音如何备稿？

【评价方法】

考核表

考核模块	考核内容	考核方式	考核点	分值	评分标准			
					优 90～100分	良 75～89分	及格 60～74分	不及格 0～59分
(一)知识与技能目标	1. 对所学新闻专稿播音理论知识进行回顾,总结。	理论测验	1. 准确说出新闻专稿的含义、分类、播音特点、备稿方法。	10				
	2. 选择一篇课堂训练例稿进行备稿,写出分析笔记,并播音。	技能训练	2. 掌握新闻专稿的含义、特点、分类及播音特点、备稿方法; 3. 备稿六步齐全、分析正确; 4. 播音语言规范、流畅; 5. 层次清晰、状态积极、情感充沛、节奏富于变化。	20				
	3. 以小组为单位,策划一期新闻专稿播音节目,采访、撰稿、编辑、播音、制作成播音节目成品。	作品评审	6. 能够运用新闻专稿播音的备稿方法进行播音前的准备; 7. 能够运用叙述、描写、议论、抒情等不同语言样式对新闻专稿进行播音; 8. 策划、文稿、稿签齐全; 9. 节目导向正确,主题突出; 10. 语音规范、播音流畅,节奏富于变化,节目编排合理、制作精良。	50				
(二)过程与方法目标	4. 合作完成节目成品的过程表现。	综合评价	1. 能够获取、搜集、整理信息,甄选有价值信息; 2. 能够制定、实施工作计划; 3. 能够分析、发现、解决问题; 4. 具有理论知识的运用能力; 5. 能及时完成工作任务。	10				
(三)情感、态度、价值观目标	5. 出勤纪律、工作态度。 (违反第一条,10分全无)		1. 遵守工作纪律,自我约束力强,不迟到、早退、旷课; 2. 有职业道德与社会责任感; 3. 有较强的新闻敏感性,有一定的新闻工作者人文关怀意识; 4. 语言沟通能力、组织协调能力强,能够与团队成员团结协作,共同完成工作任务; 5. 能够实事求是完成工作评价,给出合理分值。	10				
自我评分(20%)+小组评分(30%)+教师评分(50%)/总分:								
改进建议								

任务2　人物通讯播音

【课前热身】

一、对“最美女教师张丽莉舍己救学生”的事迹进行评述。

二、评述事实清晰、准确，情感正确，态度鲜明，状态积极，语言流畅。

三、时长3分钟。

【学习目标】

一、了解人物通讯及其写作特点。

二、掌握人物通讯播音的要求。

三、根据人物通讯的播音要求进行人物通讯播音。

【情境导入】

2004年2月15日，吉林省吉林市中百商厦突发大火。有人在现场拍摄了消防战士和现场群众冒险救火的画面。有一个戴坦克帽的人多次冲进火场救人。李云丽女士就是被救的一个。李云丽女士强烈要求媒体帮她寻找这位救命恩人，后来终于找到了。他叫胡茂东，当年，他被评为“中国骄傲”！

根据以上内容完成一期人物通讯播音，应该怎么做？中央电视台做好了，我们来看看他们是怎么做的。

火场救人英雄——胡茂东

字幕　2004年2月15日 吉林省吉林市中百商厦

同期　李云丽：那天正好是星期日，我休息，去中百洗澡，刚洗了十多分钟，就听见外边有人喊，着火了！

解说　突如其来的大火，让李云丽感到不知所措。她下意识地向楼梯跑去。但是此时，她却惊恐地发现，逃生的通道已经被完全封死了。

同期　李云丽：大家就乱成了一团。紧接着烟就冒了上来，越冒越浓。隐隐约约中听见旁边有两个人说，门已经封死了，完了。

解说　28分钟后，吉林市消防支队赶到火场。许多现场群众也不顾危险，投入到了营救当中。有一个头戴坦克帽的人。

同期　吉林市消防支队司令部副参谋长：烟特别大，基本上可以说是伸手不见五指，什么也看不清。而且温度也特别高，那种热，让人受不了。我们的战士在救援中，战斗服被烤焦了，头盔烤变形了。

解说　商厦内，大量商品燃烧产生的化学毒气，正慢慢侵蚀着李云丽的身体。她的意识越来越模糊了。此时，中百商厦内还有将近400多个像她这样的群众。

吉林市消防支队司令部副参谋长：整个商厦里头大约有450多人被困，就像热锅上的蚂蚁一样，只有一条路，跳楼。

浓烟熏呛，加上热火炙烤，双重的折磨，让李云丽和其他人情绪接近崩溃。而此时，闯进火场的坦克帽，已经从火场中救出了一个人。

同期　李云丽：烟呛得喘不过气来，已经好像要停止呼吸了，就觉得自己这下完了，没救了。

解说　此刻，窗户成了唯一的逃生通道。人们纷纷涌向窗边去寻找生还的机会。闯进火场的坦克帽和消防队员，正在忍受着烈火和毒烟，摸索着寻找被困人员的踪迹。

同期　吉林市消防支队司令部副参谋长：没有装备的老百姓，进入这样的现场里，他本身就有危险。

解说　楼外，由于地理条件限制，消防举高车无法接近。20米的高度，两三米的距离，此刻，却成了隔绝生死两地的天堑。很多被困者别无选择，只有冒险跳楼。等待他们的是楼下屋顶林立的钢筋和硬石。

同期　李云丽：看见有人往下跳，特别惨。然后呢，不跳还不行，因为后边还有火。看到跳下去的人也没有生存下来，好些已经都摔死了。

吉林市消防支队司令部副参谋长：非常惨。应该说，这一幕在我脑海中，这一生都忘不了。

字幕　大火燃烧2小时，部分群众已经死亡

同期　李云丽：烟越来越大，后来，已经熏得恍恍惚惚，已经要昏过去了。

解说　被困火场两小时的李云丽，已经完全放弃了生存的希望。就在此时，她恍惚中似乎看到了一个模糊的身影朝自己走来。原来，在抢救了几个人之后，坦克帽冒着极大的风险，摸索着走到了李云丽所在的四楼。

同期　李云丽：有一个人把我拽了起来，背到他的背上。隐隐约约中我就听到他的特别粗的喘气声。好像我的家人来救我了。这下我有救了。

解说　就这样，坦克帽背着李云丽穿过重重火障，冒着被烈火和浓烟吞噬的危险，终于将她送到了安全地带。

在解救了李云丽之后，这个戴坦克帽的人，不顾消防官兵的阻拦，再次冒着生命危险冲进了火场。

下午15:30分，大火被彻底扑灭。戴坦克帽的无名英雄已悄悄离开火场，他拯救了11条生命。

同期　李云丽：我非常感谢他，如果没有他，可能就没有今天的我。

男主持人：在看这个短片的时候，我和大家一样，非常紧张，非常感动。火灾之后呢，经过多方寻找，人们终于找到了这个只给我们留下一个背影的人。他叫胡茂东。胡茂东今天也来到了我们的现场，我们掌声有请火场救人英雄胡茂东！

胡茂东的行动呢，可以说是感动了无数的人。他也当之无愧成了我们的中国骄傲！

女主持人：一位吉林的观众在短信留言中是这样写的：胡茂东，你只是个普通人，就算不去救人，也没有人会去谴责你。但你挺身而出了，冒着浓烟，一次一次冲进火场。背出一个，再冲进去。背出一个，再冲进去。你从死神的手中，夺回来十多条生命！而救人之后，你却悄悄地离开了，不求回报，不留姓名、你是一个铁骨铮铮的汉子！你是我心目中的英雄！

（央视2006年《中国骄傲》）

【重点解析】

一、人物通讯的定义及写作特点

人物通讯是通过详细叙述人物感人的言论和行为，表现人物的思想品格，揭示人物精神境界的新闻稿件。目的是弘扬真善美，在全社会树立学习榜样，推动社会精神文明发展。

人物通讯在写作上一定要真实可信。通过描述人与自然的矛盾、人与人的矛盾、人物内心矛盾来刻画人物形象，使其有血有肉，有感情，有性格。还要注意处理好先进人物与周围人物的关系。可以通过周围人物的言行间接表现主要人物，但不要把先进人物写成神，不要把先进人物孤立起来，不要把周围人物都当作陪衬。

二、人物通讯播音的要求

在深刻分析理解稿件内容的基础上，充分展开联想，运用情景再现，细致感受稿件描写的情景。表达时努力做到：

1. 内容准确，吐字清晰，层次分明，意思抱团。
2. 基调准确，情绪饱满、态度鲜明、感情真实，表达朴实。
3. 形象鲜活，语气灵活，分寸得当。

【课堂训练】

训练要求：

一、分小组各选定一条人物通讯，共同备稿(对稿件可以适当缩编)，查找背景，明确播出目的，确定基调。

二、按照人物通讯播音要求对人物通讯深刻理解，细致感受，搜集画面以便配合画面播音练习。

◇例稿 6.4

“最美”洗脚妹——刘丽

事迹：

刘丽，安徽颍上县人，14 岁时因家贫辍学外出打工，省下每一分钱供弟弟妹妹读书。

刘丽的弟妹最终没有考上大学，这让她很迷茫，似乎多年来的辛苦没了着落。她这才发现，自己“想让这个村子里出两个大学生”的愿望是如此强烈，“是一种寄托吧，我自己想读书而没有读成，就希望让别人有书读”。她萌生了资助别的孩子读书的念头。

2000 年至今，刘丽一直在厦门一家足浴城当足底按摩师，俗称“洗脚妹”，月收入 3000 元。对于这些血汗钱，刘丽这样分配：500 元用来租房和个人消费，剩余 2500 元，扣除给家里寄的一些，就用来资助贫困学生。她资助了老家村里 20 个贫困大学生。从 2006 年起，又通过厦门市妇联，在同安一些中小学校展开一对一资助，资助的人数从三五个上升到数十个。加上一次性的资助，刘丽以她微薄的收入，帮助完成了上百个孩子的读书梦。其事迹在厦门广为流传，被誉为“中国最美洗脚妹”。

颁奖词：

为什么是她，一个瘦弱的姑娘，一副疲惫的肩膀。是内心的善良，让她身上有圣洁的光芒。她剪去长发，在风雨里长成南国高大的木棉，红硕的花朵，不是叹息，是不灭的火炬。

(央视 2010 年《感动中国》)

◇例稿 6.5

盲人——萨布利亚·坦贝肯

事迹：

萨布利亚·坦贝肯，1970 年出生于德国，12 岁时双目失明。“盲文无国界”组织的创始人。

在波恩大学求学期间，她发现藏文还没有盲文，便借鉴其他语种盲文的开发经验，在世界上第一个开发出藏盲文。1997 年，萨布利亚到西藏旅行。她骑马穿越西藏各地，发现这里的盲童少有接受教育的机会，便萌生了创办西藏盲童学校的想法。

2000 年 11 月，萨布利亚与西藏残联合作建立的盲人康复及职业培训中心正式运作。到目前为止，先后有 96 名盲童在这里接受了日常生活技能培训和藏、汉、英三种语言的盲文基础教育，以及按摩、电脑、手工编织、做奶酪、美术等职业技能培训。一般经过两年的专门培训，这些孩子都可以进入常规学校学习。一些盲童转入常规学校后，成绩非常优秀。

她为西藏盲人的教育和康复事业做出了巨大贡献，并因此获得 2006 年度中国政府颁发的“友谊奖”。

推选委员评价：

涂光晋：她是当代的普罗米修斯，虽然自己看不到光亮，却给远在异国他乡的西藏盲童带来了光明与希望。

王振耀：她让我们看到了现代的白求恩！一个外国盲人能够直接感受到藏族盲童的需求，这需要一种高尚的人道精神，更需要一种博爱的慈善情怀！

颁奖辞：

她看不到世界，偏要给盲人开创一片新的天地。她从地球的另一边来，为一群不相识的孩子而来，不企盼神迹，全凭心血付出。她带来了光明。她的双眼如此明亮，健全的人也能从中找到方向。

（央视 2009 年《感动中国》）

◇例稿 6.6

托举生命的最美妈妈——吴菊萍

事迹：

2011 年 7 月 2 日下午，杭州滨江白金海岸小区。两岁的妞妞趁奶奶不注意，爬上阳台外的晾衣竿，突然从 10 楼坠落。楼下过往的人们望见便厉声尖叫起来。这一叫，把吴菊萍给唤了过来。只见她踢掉高跟鞋，张开双臂，冲过去接住了妞妞。

被紧急送往医院后，吴菊萍被诊断为左手臂多处粉碎性骨折，尺桡骨断成三截，预计半年才能康复。逃过一劫的妞妞在 10 天后苏醒过来，开口叫了“爸爸、妈妈”。

“这是本能，是一个母亲应该做的事情”，躺在病床上，吴菊萍一脸平静。事件发生时，她的孩子只有七个月大，尚在哺乳期。

荣誉铺天盖地，吴菊萍保持了清醒的认识。“我只是普通人，问心无愧就好”。公司奖励了 20 万元，她留作自用，为此背负了不少压力。“我需要好好生活，好好工作，才有能力去帮助身边的人”。赡养父母、培养孩子、还房贷……任何普通人，都无法对这些现实问题视而不见。

“我会把重心调整回工作、家庭中来，减少媒体活动”，吴菊萍年后将重返工作岗位，她最大的心愿是看着妞妞与自家孩子健康长大。

推选委员评价：

朱玉：她有一双最柔弱的臂膀，也是2011年中国最有力的臂膀。

颁奖词：

危险裹胁生命呼啸而来，母性的天平容不得刹那摇摆。她挺身而出，接住生命，托住了幼吾幼以及人之幼的传统美德。她并不比我们高大，但那一刻，已经让我们仰望。

（央视2011年《感动中国》）

训练提示：要对人物通讯深刻理解，细致感受，可以搜集图片配合画面出声练习。努力做到形象生动、真实感人。

【任务拓展】

一、各小组根据所给人物通讯例稿（或新闻专稿播音补充训练例稿），撰写一档人物通讯节目策划，并播音、制作成完整的人物通讯节目成品。

二、自主搜集人物通讯素材，撰写节目策划文案，播音并编辑制作成一档完整的事件通讯播音节目成品（音频或视频）。

【思考测验】

一、什么是人物通讯？

二、人物通讯播音有什么要求？

【评价方法】

考核表

<table>
<tr><th rowspan="2">考核模块</th><th rowspan="2">考核内容</th><th rowspan="2">考核方式</th><th rowspan="2">考　核　点</th><th rowspan="2">分值</th><th colspan="4">评　分　标　准</th></tr>
<tr><th>优
90～100分</th><th>良
75～89分</th><th>及格
60～74分</th><th>不及格
0～59分</th></tr>
<tr><td rowspan="3">（一）知识与技能目标</td><td>1.对所学人物通讯播音理论知识进行回顾，总结。</td><td>理论测验</td><td>1.准确说出人物通讯的定义、写作特点、播音要求与技巧。</td><td>10</td><td colspan="4"></td></tr>
<tr><td>2.选择一篇课堂训练例稿进行备稿，写出分析笔记，并播音。</td><td>技能训练</td><td>2.掌握人物通讯的播音要求；
3.备稿六步齐全、分析正确；
4.播音基调正确、语音规范、播音流畅；
5.状态积极、层次清晰、节奏富于变化。</td><td>20</td><td colspan="4"></td></tr>
<tr><td>3.以小组为单位，策划一期人物通讯播音节目，采访、撰稿、编辑、播音、制作成播音节目成品。</td><td>作品评审</td><td>6.能够运用人物通讯播音的备稿方法进行播音前的准备；
7.能够运用叙述、描写、议论、抒情等不同语言样式对人物通讯进行播音；
8.策划、文稿、稿签齐全；
9.节目导向正确，主题突出；
10.语音规范、播音流畅，节奏富于变化，节目编排合理、制作精良。</td><td>50</td><td colspan="4"></td></tr>
<tr><td>（二）过程与方法目标</td><td>4.合作完成节目成品的过程表现。</td><td rowspan="2">综合评价</td><td>1.能够获取、搜集、整理信息，甄选有价值信息；
2.能够制定、实施工作计划；
3.能够分析、发现、解决问题；
4.具有理论知识的运用能力；
5.能及时完成工作任务。</td><td>10</td><td colspan="4"></td></tr>
<tr><td>（三）情感、态度、价值观目标</td><td>5.出勤纪律、工作态度。
（违反第一条，10分全无）</td><td>1.遵守工作纪律，自我约束力强，不迟到、早退、旷课；
2.有职业道德与社会责任感；
3.有较强的新闻敏感性，有一定的新闻工作者人文关怀意识；
4.语言沟通能力、组织协调能力强，能够与团队成员团结协作，共同完成工作任务；
5.能够实事求是完成工作评价，给出合理分值。</td><td>10</td><td colspan="4"></td></tr>
<tr><td colspan="9">自我评分（20%　）＋ 小组评分（30%）＋ 教师评分（50%）／总分 ：</td></tr>
<tr><td>改进建议</td><td colspan="8"></td></tr>
</table>

任务3 事件通讯播音

【课前热身】

一、对“城市青少年学生热衷骑斯菲单车”的现象进行评述。
二、查找资料，了解事实。要求叙述事实准确、条理清晰。
三、评论观点正确、态度鲜明，状态积极，语言流畅。
四、时长3分钟。

【学习目标】

一、了解事件通讯及其写作特点。
二、掌握事件通讯的播音要求。
三、根据事件通讯播音要求进行事件通讯播音。

【情境导入】

最近一年多来，菲律宾在南海领土问题上屡次挑起争端。2012年4月10日，一艘菲律宾军舰闯入中国南海黄岩岛海域企图抓扣中国渔民。中国海监船随后赶至与菲律宾军舰展开海上对峙。如何看待中菲南海领土争端，不仅国内民众关注，国际社会也非常关注。

围绕中菲南海领土争端做一期节目，应该怎么做？中央电视台做了，我们来看看。

2012年04月21日 央视《新闻周刊》：升温的南海局势(一)

白岩松：中国有多大？这个问题一问出来好多人脱口就能回答，960万平方公里呀。看似一个标准答案，其实错了，这只是过去教科书上的陆地面积。难道中国的领海面积我们就不算了，不要了吗？要知道，你不算，人家可算计着呢。比如仅仅一个南海就超过350万平方公里，想想这惊人吧？比陆地面积的1/3还多。

最近一段时间，南海很热，不是我们想把它变热，而是有些人、有些国家跳出来要把它变热，南海变成了焦点，甚至可能有些人就是希望它热起来，混起来，然后好浑水摸鱼。如果简单地看待南海问题，也许我们只需要说一句就行了，南海是中国的，别闹了。但问题是，当然不会这么简单了，咱们还得心平气和地慢慢说，这南海因何成了问题，成了热点，接下来会如何呢？《新闻周刊》本周视点关注“南海是个难题吗？”

升温的南海局势（二）

字幕　2012年4月10日，一艘菲律宾军舰闯入中国南海黄岩岛海域企图抓扣中国渔民

同期　琼？琼海09099船船员陈明海：（菲律宾士兵）有大概5个人带枪，他上船叫我们全上前面，也是带相机随便照。

字幕　中国海监船随后赶至与菲律宾军舰展开海上对峙

解说　为避免事态扩大，中国渔船于13号全部撤离。双方的对峙仍未结束。日前，菲律宾又有一艘所谓考古船闯入该海域。

同期　中国外交部发言人刘为民(4月18日)：我想重申，黄岩岛是中国固有的领土，中方对黄岩岛拥有无可争辩的主权。

解说　中国与菲律宾船只的海上对峙本周仍在继续，南海的紧张局势也似乎未见降温。尽管中国外交部几度重申黄岩岛的中国主权，外交部副部长傅莹也4天两次约见菲律宾驻华使馆官员提出交涉，但本周停留在争议海域的菲律宾船只一度仍有20余艘。这是一场缘起于10多天前菲律宾军舰非法抓扣中国渔民的争端，而菲律宾以军事力量介入渔业纠纷意欲何为？

同期　厦门大学南洋研究院李金明教授（电话采访）：黄岩岛一贯都是没有争议的，国际上也是认可的，即使菲律宾在1978年出的最权威的国家地图也没有把它的领土包括黄岩岛。一直到1997年，菲律宾才对黄岩岛挑起事端。

解说　最近一年多来，菲律宾在南海领土问题上屡次挑起争端，而黄岩岛对峙被认为是中菲近年最严重的一次对抗。虽然舆论普遍认为，菲律宾的激进做法是一次缓解国内经济低迷的“豪赌”，而赌注是南海的领土和资源，但实力不强的菲律宾在南海问题上何以气势咄咄逼人？4月16日本周一，菲律宾和美国开始了“肩并肩2012”联合军演，由于中菲对峙尚未完结，这场恰逢其时的军演引发广泛猜测。

同期　菲律宾海军陆战队少尉马龙比图恩：2012肩并肩美菲军演与南沙群岛冲突局势无关，这是一年一度的活动，我们邀请美国军队参与我们的演习。

解说　尽管美国和菲律宾都极力强调此次军演是例行演习，与中菲在黄岩岛的对峙无关，但第28次“肩并肩”联合军演创纪录的规模还是引发关注。菲律宾参演士兵2300名，美军士兵4500名，参演兵力创下历年之最，而原本的双边军演，却在今年首邀了部分东盟国家以及日本、韩国、澳大利亚等国10多名观察员。而军演的地点除了以往位于菲律宾北部的吕宋岛，还有菲律宾南部濒临南海争议海域的巴拉望省。

同期　军事专家尹卓：他们在演习的项目里确定了一些内容，这些内容都是有

指向性的，比如说钻井平台的保护和被占领和再占领，对一些岛礁的保卫和占领、再占领。谁跟菲律宾有钻井平台的冲突？指向性很清楚的，当然是中国。

厦门大学南洋研究院李金明教授(电话采访)：同盟国参加的虽然只有20来个人在里面，但是同盟国这些人员加进去之后，这样就让美国要把南海问题地区化、国际化制造了一个舆论，就让美国要回归、要介入南海创造了一种机会。

解说　菲律宾和美国似乎正越走越近，10多天前在黄岩岛袭扰中国渔民的“德尔毕拉尔”号是菲律宾最先进、吨位最大的军舰，而在半年前，它的身份还是美军“汉密尔顿”级退役巡逻舰，美国仅以1000万美元的价格转让菲律宾。本周，菲律宾召回了参与对峙的军舰，派出了海岸巡逻舰“埃德萨”号，并在巡逻舰上升起白旗。虽然菲方宣称是以此表示愿和平解决对峙的意愿，但在南海问题上仍是小动作不断。仍在继续的黄岩岛对峙将以何种方式结束，这场冲突又会带来什么改变？

同期　军事专家尹卓：黄岩岛这次对峙本来是可以很快解决的，但是菲律宾一直让它久拖不决，他为什么呢？就是要把这个对峙延长，一直把它引入到美菲肩并肩军演开始以后。这是一种外交和军事上处心积虑的一种配合。

白岩松：以大局为重，有时忍让或平和往往让人误解为软弱或有机可乘，人与人之间交往经常出现这种状况，其实国与国之间的交往也容易如此。很长时间里，我们对海权的认识不够到位，加之建国之后，海军一开始也并不强，导致南海上咱们的很多岛屿慢慢被很多国家蚕食，形成某种实际的控制权，然后到了今天，他拿着不合理、不合法却实际控制的现实，口口声声说那块海域原本就是他们的。看样子，光讲理也是不行的，有文有武，权利该捍卫还是要捍卫，国家领土权寸步不让。

【重点解析】

一、事件通讯及其写作特点

事件通讯是通过详细叙述一个引人关注的事件发生、发展、变化的过程，说明一个问题，表现一定的思想意义的新闻稿件。

事件通讯一般按时间顺序写，从事情的发生、发展、变化，讲到结果。为了叙事生动、主题集中，有时也有倒叙、插叙。

事件通讯有正面报道，提倡、弘扬某种思想、精神；也有揭发或提出社会问题的。

二、事件通讯播音的要求

事件通讯写作上的特点决定了它播报上的特点，就是叙事清楚、态度鲜明、情绪饱满。

具体要求是：

1. 叙事清楚：弄清事件发展脉络，说清楚何时、何地、何人、何事、什么原因、什么结果。

2. 态度鲜明、情绪饱满：要联系事件发生的背景，明确报道目的，从而做到态度鲜明、感情饱满。要避免平铺直叙，突出有典型意义的情节、细节，有起有伏地描述事件进程、高潮。

【课堂训练】

训练要求：

一、分小组各选定一条事件通讯，共同备稿(对稿件可以适当缩编)，查找背景，明确播出目的，确定基调。

二、按照备稿要求对事件通讯深刻理解，细致感受，搜集图片可以配合画面出声练习。

◇例稿 6.7

3 月 31 日《中国新闻周刊》——农村“空心化”非常严重

中科院地理所发布研究报告说，农村“空心化”非常严重。延续了几千年的乡土生机在现代中国日趋黯然。青年男女少了，散步的猪牛羊鸡少了，新树苗少了，学校里的欢笑声少了——很多乡村，已经没有多少新生的鲜活的事物，大都可以用“荒凉衰败”来形容。与此同时，乡村的伦理秩序也在发生异化。传统的信任关系正被不公和不法所瓦解，勤俭持家的观念被短视的消费文化所刺激，人与人的关系正变得紧张而缺乏温情。

滚滚向前的城市化步伐，不能继续以牺牲乡村的土地、德性、风俗、传说以及家族观念等为代价。此时，有一些中国人，开始用行动，重建故乡的伦理、信任，以及生活方式。可以说，各种新的“乡村实验”在不声不响间进行。

◇例稿 6.8

当麦子遇到苹果

开场语 演播室主持人敬一丹：你好，观众朋友，欢迎收看《焦点访谈》。种麦子好？还是种苹果好？这要看实际情况。比如这地能不能种，有没有这方面的技术等等。在甘肃省东部的宁县，有一个叫米桥乡的地方，这里的农民多少年来都是种小麦，种玉米。可是现在从县，到乡，到村，各级都在强调种苹果，弄得农民种麦子倒成了问题。

解说　每年 11 月下旬的时候，小麦会进入到冬眠期，麦苗大概有 10 公分左右。而在甘肃省庆阳市宁县米桥乡，原来一直种小麦的农田里，却没有了麦苗。

同期　雷小鸽记者：我现在是在宁县米桥乡公路旁的农田里，这里的土地上踩上去软软的，用说摸上去也是非常的松软，看得出是刚刚被犁耕过。现在地里都种的是像这样的一些苹果树，在这个土堆上面呢，还留有一些麦苗。而就在10多天前，这里还是像这样绿油油的麦苗。

解说　那这些长得好好的麦苗，是被谁拔掉的呢？

这是村民11月中旬拍摄的，乡上和村里派旋耕机将他们种的小麦旋耕掉的画面。之后，村民被要求改种苹果树。但村民们向记者反映，对这样的政策他们实在是难以接受。

村民们说，种粮食可以保障基本的生活，而改种苹果以后，首先面临的问题就是口粮没有了着落。在米桥乡，大多数人都开始过着买粮食吃的生活。

按说，苹果树在三五年之后就应该挂果了。村民老陈家，五年前就开始种苹果树了，可是当记者来到他家地里的时候，却只看到一些这样的树苗。

记者看到很多苹果树都是种了死，死了补，村民白大姐介绍，她家2008年种了400多株苹果树，至今就剩100来株苹果树还活着。

这是因为乡政府把苹果树种上之后，都交由村民们自己打理。村民不懂种植，而乡里并没有提供任何专业知识和相关技术的帮助，因此造成大量的苹果树死亡。

既然村民们不愿意，又没有能力种植果树，那乡政府在推荐这项工作的时候，是否征求了大家的意见呢？

记者按照宁县2011秋季苹果树栽植花名表做了一些调查，米桥乡常邑村的赵金财表上显示，他家地里栽植面积13亩，共计201株。那么，他有没有签合同呢？

同期　记者：村里或者乡里用你们家的土地，有没有跟你签订过栽植苹果树的合同？或者类似于这种管护合同，有吗？

甘肃省宁县米桥乡村民赵金财：没有。

解说　在其他村民那里记者也听到了同样的答复。

村民们没有见过合同，但是乡政府却明确要求，在宁长二级公路两侧，纵深200米以内的土地，按要求一次性栽植果树。不得在苹果树区域内种植小麦、玉米等高秆作物。

可奇怪的是，当地政府为什么只要求在公路沿线上来种苹果呢？

同期　记者：为什么只提倡在公路两边发展苹果呢？

甘肃省宁县米桥乡村民：人家说是来干部领导检查，不下车就可以能看到这些果树。

解说　据了解，宁县提出，在干部中树立“以果看干部，以果用干部，果园出干部”的长期抓果意识、责任意识和干部提拔用人机制。

我国基本农田保护条例第十七条第二款明确规定，“禁止任何单位和个人占用基本农田发展林果业和挖塘养鱼”。从2005年开始，米桥乡共占用基本农田6000多亩来栽种苹果，但至今一亩也没有进行调补。

结束语 演播厅主持人敬一丹：在这里种苹果，还是种麦子，农民和干部的看法不同。农民看中的是收，而干部看中的却只是种。在节目中我们看到，县里提出了“以果看干部，以果用干部，果园出干部”的口号。看来种多少果树，对于干部很重要，甚至关系到他们的提拔升迁。所以，出现这种只管种，不管收，甚至不惜违法也要种苹果的现象，就不足为怪了。既然是要为农民办事，办没办好的标准，应该看农民得到了多少好处，绝不能只看完成了多少数字，更不能让惠农变成伤农。

(2011年11月27日央视《焦点访谈》)

训练提示：要对事件通讯深刻理解，细致感受，可以配合画面出声练习，做到态度鲜明、感情饱满、准确朴实。

【任务拓展】

一、各小组根据所给事件通讯例稿(或新闻专稿播音补充训练例稿)，撰写一档事件通讯节目策划文案，并播音、制作成完整的节目成品。

二、自主搜集事件通讯素材，撰写节目策划文案，播音并编辑制作成一档完整的事件通讯播音节目成品(音频或视频)。

【思考测验】

一、什么是事件通讯？

二、事件通讯在播报上有什么要求？

【评价方法】

考核表

<table>
<tr><th rowspan="2">考核模块</th><th rowspan="2">考核内容</th><th rowspan="2">考核方式</th><th rowspan="2">考　核　点</th><th rowspan="2">分值</th><th colspan="4">评　分　标　准</th></tr>
<tr><th>优
90～100分</th><th>良
75～89分</th><th>及格
60～74分</th><th>不及格
0～59分</th></tr>
<tr><td rowspan="3">（一）知识与技能目标</td><td>1. 对所学事件通讯播音理论知识进行回顾，总结。</td><td>理论测验</td><td>1. 准确说出事件通讯的定义、特点、播音要求。</td><td>10</td><td colspan="4"></td></tr>
<tr><td>2. 选择一篇课堂训练例稿进行备稿，写出分析笔记，并播音。</td><td>技能训练</td><td>2. 掌握事件通讯播音的备稿方法、播音要求；
3. 备稿六步齐全、分析正确；
4. 播音基调正确、语言规范、表达流畅；
5. 状态积极、层次清晰、节奏富于变化。</td><td>20</td><td colspan="4"></td></tr>
<tr><td>3. 以小组为单位，策划一期事件通讯播音节目，并采访、撰稿、编辑、播音、制作成播音节目成品。</td><td>作品评审</td><td>6. 能够运用事件通讯播音的备稿方法进行播音前的准备；
7. 能够运用叙述、描写、议论、抒情等不同语言样式对事件通讯进行播音；
8. 策划、文稿、稿签齐全；
9. 节目导向正确，主题突出；
10. 语音规范、表达流畅，节奏富于变化，节目编排合理、制作精良。</td><td>50</td><td colspan="4"></td></tr>
<tr><td>（二）过程与方法目标</td><td>4. 合作完成节目成品的过程表现。</td><td rowspan="2">综合评价</td><td>1. 能够获取、搜集、整理信息，甄选有价值信息；
2. 能够制定、实施工作计划；
3. 能够分析、发现、解决问题；
4. 具有理论知识的运用能力；
5. 能及时完成工作任务。</td><td>10</td><td colspan="4"></td></tr>
<tr><td>（三）情感、态度、价值观目标</td><td>5. 出勤纪律、工作态度。
（违反第一条，10分全无）</td><td>1. 遵守工作纪律，自我约束力强，不迟到、早退、旷课；
2. 有职业道德与社会责任感；
3. 有较强的新闻敏感性，有一定的新闻工作者人文关怀意识；
4. 语言沟通能力、组织协调能力强，能够与团队成员团结协作，共同完成工作任务；
5. 能够实事求是完成工作评价，给出合理分值。</td><td>10</td><td colspan="4"></td></tr>
<tr><td colspan="9">自我评分（20%）＋ 小组评分（30%）＋ 教师评分（50%）/总分：</td></tr>
<tr><td>改进建议</td><td colspan="8"></td></tr>
</table>

任务4　风貌通讯播音

【课前热身】

一、描述家乡的自然风光、介绍家乡的文化遗产。
二、要求叙述重点突出，语言流畅。
三、形象生动，情感真挚，声情并茂。
四、时长3分钟。

【学习目标】

一、了解风貌通讯及其写作特点。
二、掌握风貌通讯的播报要求。
三、根据风貌通讯的播音要求进行风貌通讯播音。

【情境导入】

王丽到湖南电视台实习，《社会广角》栏目组让她去湘阴县乡村采访，看看改革开放以后发生了一些什么变化，然后写一条风貌通讯。为了开阔思路，她上网发现了一篇好文章。

致富思源不忘本 富而思进绘新篇

如今的南岭村再不是改革开放以前人均年收入不足100元，生产靠贷款，生活靠救济的穷困村，而是国内赫赫有名的富裕村和文明村。去年，190户、800人的南岭村集体固定资产7.2亿元，人均拥有固定资产90万元，集体经济总收入1.4亿元，纯收入7200万元，人均创收9万元。

"穷时要有穷志气，富时没有富毛病"。富起来的南岭村十分警惕容易滋生的骄傲、懒惰等"富贵病"，村党支部更是重视精神文明建设。于是，村里办起了一个永久性的"致富思源展览"，把过去村民用过的农具、生活用品等展览出来，让村民尤其是青少年深切体会过去的贫穷落后和创业的艰苦。于是，村里搞起了"教育田"，让没有参加过农业生产劳动的青年和中小学生定期下田，以体验耕作的辛苦。

"思源"是为了更好地"思进"。为了倡导村民富而好劳，在发展经济中始终保持艰苦奋斗的本色，村里的股份合作章程明确规定："凡是有劳动力而不参加劳动者，一律不得分红。”全村359个劳动力，人人有工作，没有一个闲人。虽然南岭村人年均分配已达2.5万元，招有1.2万名外来工，但他们仍坚持脏活、重活自己干。村里成立了专干重活、脏活的修路队、清洁队、林果队等。

村里四通八达长达30多千米的水泥路全是由村民们亲手修建，在1200多亩农田果园辛苦劳作的也全是村民，其中多数是年轻姑娘。每个村干部每周要参加一两次集体劳动。

倡导富而崇德，破旧除陋树新风，是南岭村加强精神文明建设的主要内容之一。村党支部强调，“穷时不坑蒙拐骗，富时不吃喝嫖赌”，坚持以立为本，重在建设，培育良好的村风、民风和家风。为崇尚科学，改变村民在家里建神台的迷信陋习，党支部发出了“破除迷信，相信科学，兴建书台”的号召，宣传富裕并不是神保佑，全靠改革开放政策好。短时间内，村民们家家拆掉了家里的神台换上了书柜。

为了从根本上破除“多子多福”、“重男轻女”等落后的旧观念，党支部做出了规定老年人享受退休金制度；在就业安排上，男女平等，能者优先；在分配制度上，男女同工同酬；在婚姻问题上，男到女家、女到男家同样享受村民优厚的福利待遇。此外，在村0股份制章程的奖罚制度中明确规定，计划生育实行“一票否决”，违反者将取消一切待遇和年终分配，并且一扣五年。十几年来，南岭村没有人违反计划生育。

十多年来，南岭村倡导团结互助，弘扬无私奉献精神，先后向贫困地区、受灾地区以及国防科技事业捐资4000多万元，把共同富裕当做自己义不容辞的责任。

如今的南岭村，村风民风淳朴，村民遵纪守法，和睦相处。十多年来，村民之间未发生争斗事件，没发生一例家庭暴力事件，没有一人沾染“黄赌毒”，没有一人违法犯罪，没有一个不读书、不做工、不务农、不经商的“四不”青年。

在进入知识经济时代的今天，南岭村党支部深感知识的重要性，“要富口袋，更要富脑袋”。为此，他们竭力倡导富而好学，重教求知育新人。村里规定：凡学龄儿童没有上学的，其家长将扣除年终分红的50%；凡初中未毕业的学生，村里不安排工作，一切福利无权享受；学生被开除学籍的，不能享受村里的一切福利待遇。同时，村里还制定了奖学金制度，如学业成绩在全班前5名及评上“三好学生”的，每学期奖励1000元；大专院校毕业后回乡工作的，工资享受副厂长级待遇。

南岭村更重视成年人的教育，他们给每户村民订报纸，给文明户奖送书籍，规定35岁以下未达到大专文化水平的青年都要到夜校学习。为了培养自己的专业技术人才，村里花重金选送50多名高中毕业生到中山大学、华南理工大学、深圳大学等高等院校学习进修。如今，在村里5家外资企业工作的村民，基本可以用外语与外商交谈，在各企业工作的大部分村民，都成为有一技之长的技术、管理人才。

（2001年5月24日《新华每日电讯》作者 李南玲）

【重点解析】

一、风貌通讯的定义及其写作特点

风貌通讯是以反映社会生活、风土人情、自然风光和日新月异的建设成就为主的一种新闻题材。

风貌通讯往往从现实生活中选择典型的、有特色的地区或单位，抓住最新鲜的迹象，加以突出的描绘，勾画出事物发展过程中的新面貌，以帮助受众了解变化，开阔视野，增长知识。

风貌通讯有的侧重于写自然风貌、人文景观、风情民俗，有的侧重于写社会动态和变迁，更多的是把自然风貌和社会风貌结合在一起，展示给受众的是一幅精美诱人的新景象。风貌通讯在写作上有以下特点和要求：

1. 亲历观察，突出见闻

风貌通讯采写的关键，在于亲历观察，像带领读者去参观一般，娓娓动听地给人们介绍自己的所见所闻，将人们带进特定的意境之中。

2. 抓住特征，围绕“变”字做文章

风貌通讯从选材到谋篇布局，必须紧紧围绕一个“变”字，写某地、某单位的新变化，新面貌，新气象，以现实为主，并将历史情况、背景材料等，适当地加以穿插，主要用以今昔对比，衬托今日的发展变化。其次，要善于写出动中之变，向人们展示正在变动的立体式画面。

3. 物我相融，再现迷人新景象

风貌通讯是反映风土人情的，作者在以叙事为主的同时，可以较多地穿插议论和抒情。作者应当饱含热情，进入角色，要善于将现场见闻、历史事实、群众对话、个人回忆等巧妙地融合在一起，形成一幅幅情景交融的生活画面，从而激起人们感情的波澜和心理的共鸣。

4. 知识丰富，趣味浓厚

风貌通讯，常常以旅行为“经”，以历史地理文化科学知识为“纬”，作综合立体交叉的记叙。人们喜欢风貌专稿，是因为里面有人们普遍感兴趣的知识和趣味。

值得注意的是，风貌通讯中的知识和情趣，都是为表现一定的主题思想服务的。离开了主题思想，就变成“游离物”了。不能堆砌大量的知识，要少而精，恰到好处。特别是有关历史地理知识，要有目的地引用，千万不要将其写成知识小品和情况汇报。在运用一些轶闻、传说、神话的时候，更要谨慎一点，防止误传那些荒诞的材料。

二、风貌通讯播音的要求

在深刻分析理解稿件内容的基础上，充分展开想象联想，运用情景再现，细致感受稿件描写的情景。表达时努力做到：

1. 内容准确，脉络清晰

播报时要注意走访、观察事物的方位变化，步移景换，要有空间转换感。

2. 节奏舒展，朴实热情

我们播报风貌通讯时，心境要调整得比较悠闲，语气比较从容舒展，好像在说自己的所见所闻一样，娓娓道来，洋洋洒洒、思绪万千。但播报主题和目的必须明确，避免把稿件播散。

【课堂训练】

训练要求：

一、分小组选定以下风貌通讯的部分段落，共同备稿（对稿件可以适当缩编），查找背景，明确播出目的，确定基调。

二、按照备稿要求对风貌通讯深刻理解，细致感受，并搜集图片以配合画面播音练习。

◇例稿 6.9

话说长江——《洞庭天下水 岳阳天下楼》

（一）洞庭湖

红日从洞庭湖中冉冉升起，夕阳在洞庭湖里火辣辣地落下。假如有两个村庄围着一个湖，对于城里人来说，这个湖已经够大的了，然而与洞庭湖相比，它实在不足挂齿，算不了什么。您知道吗，围绕着洞庭湖的是我们国家两个大的省份，北边叫湖北，南边叫湖南。

洞庭湖南接湘江、资水，西纳沅江、澧水，北通长江。一条道路曲曲弯弯细又长，一直通往迷雾的远方。是啊，流经湖南湖北两省交界的长江，情形好像就是如此。

自古以来，每年汛期来到之际，长江的洪水就像脱缰的烈马。这时候洞庭湖就让洪水奔腾着闯入自己的怀抱，慢慢儿的安静下来。等到汛期过后呢，洞庭湖又让失去势头的洪水缓缓地回到长江。洞庭湖就这样在关键的时刻使规模巨大的矛盾趋于缓和以至得到平息。

洞庭湖年复一年地调节着长江的水位，减轻了洪水对长江下游地区的压力，但是也因此使大量的泥沙在湖里沉积了下来，因而逐年在缩小着自己的水面，正由于这个缘故，洞庭湖不得不让位给鄱阳湖降为我国第二大淡水湖。然而这些泥沙冲积而成的沙泥田，土层深厚，通透性好，而且含有大量的有机质，十分肥沃，很适宜作物的生长，是号称“八百里洞庭”，成了我国著名的鱼米之乡。

每年盛夏，洞庭湖湖里湖外蛙声一片，稻花儿荷花儿满眼是花儿，处处飘香。面对烟波浩渺、人欢鱼跃的洞庭湖，诗人会诗兴大发，浮想翩翩。但是不少对洞庭湖有所研究的人却另有一番感慨。

他们认为，假如任凭泥沙无节制地在这湖中沉积，那么，要不了很少时间，在我们这块大地上，就有可能找不到洞庭湖了。

这并非杞人忧天，因此，当今炎黄子孙们正在设法防止出现这样的局面。

（二）岳阳楼

遥想三国当年，洞庭湖比现在辽阔多了。相传东吴君主孙权，曾经派大将鲁肃，在洞庭湖东岸建造高高的阅兵台。

鲁肃就在楼上检阅水师操练。所谓水师，用今天的话来说也就是海军吧。到了公元716年，唐代的张悦住守此地，他在鲁肃阅兵旧址修建了一座楼阁，定名为岳阳楼。

张悦是被贬到这里做官的，他经常在洞庭湖畔、岳阳楼上，与怀才不遇的官吏、文人们聚会，吟诗作文，抒发忧肠骚绪。

李白、杜甫、白居易、孟浩然、刘禹锡等唐代著名诗人都曾先后登楼吟诗作赋，其中有很多诗句都成了千古绝唱。“楼观岳阳尽，川迥洞庭开”（李白）。

在这座怀甫亭里，我们可以看到唐代大诗人杜甫在这里写下的名诗，“昔闻洞庭水，今上岳阳楼。吴楚东南坼，乾坤日夜浮”。“春岸绿时连云梦，碧波红处见长安”（白居易）。据目前发掘和统计，仅仅唐代吟咏岳阳楼和洞庭湖的诗歌就有168首。

（三）范仲淹《岳阳楼记》

公元1044年，宋代滕子京也被贬住守岳阳，他对岳阳楼进行了修整和重建，并且请好友范仲淹写了《岳阳楼记》。

范仲淹是太湖东边的苏州人，曾经做过参知政事，相当于副宰相，他不但是个政治家、军事家，而且是个才华超群的文学家。他因为主张改革，遭到他人攻击被贬到河南南阳，《岳阳楼记》正是他被贬之后写的。

《岳阳楼记》的正文只有360个字，它不但逼真地记述了洞庭湖的壮丽景色，而且还抒发了作者以天下为己任的伟大胸怀，比如“先天下之忧而忧，后天下之乐而乐”，这样的警句格言，近千年来，成了许多志士仁人，为崇高理想而奋斗的座右铭。

范仲淹没有到过洞庭湖，只是根据腾子京提供的背景材料和一张图画就写成了不朽的《岳阳楼记》，这使人联想到养育范仲淹长大成人的太湖，它的风貌和性格，跟洞庭湖一定有许多共同之处，“予观夫巴陵胜状，在洞庭一湖。衔远山，吞长江，浩浩汤汤，横无际涯；朝晖夕阴，气象万千”。

（四）君山的传说

有趣的是，太湖里有山名叫洞庭山，洞庭湖里的君山原先也叫洞庭山，洞庭湖就是因洞庭山而得名的。唐代诗人刘禹锡把“上下天光，一碧万顷”的洞庭湖比作一个白色的银盘，把峻秀的君山看做是银盘中的一枚青螺。他曾经写过这样一首美丽的诗歌：“湖光秋月两相和，潭面无风镜未磨。遥望洞庭山水翠，白银盘中一青螺。”

君山虽小却有很多传说。相传在4000多年前，舜帝在南下视察的时候死去了，他的两个妃子闻讯赶去吊唁，没想到在君山水断去路，凭吊无处，于是扶竹痛哭，悲痛欲绝，她们的血泪洒落在君山的竹子上，斑斑点点，点点斑斑，因此在人世间就出现了君山斑竹，真所谓“当时血泪知多少，直到如今竹上斑”。二妃真的投水了，人们在君山造了坟墓，盖了庙宇，只是如今已经无处可寻了。

君山南侧的柳毅井，是后人根据唐代柳毅传书的故事开凿的。柳毅是个落第书生，在回家乡的途中碰到了一个牧羊女。她自称是洞庭龙王的女儿，因受丈夫虐待被赶出了龙宫。她拜托刘毅捎带书信给龙王，盼能早日得救回龙宫。后来几经周折，终于和善良的柳毅结为夫妻。这柳毅井中的水清冽甘美，用这水沏茶别有一番沁心的清香味儿。君山不但有好水，而且有好茶。因为君山茶叶的白毫犹如银针，所以这里的茶叶也就叫做君山银针了。

（五）汨罗·屈原·龙舟竞渡

在洞庭湖东侧的这条江，论景色并非甲天下，然而，龙舟竞渡却在此江发祥，它就是屈原怀沙自沉的汨罗江。“变白以为黑兮，倒上以为下。凤凰在笯兮，鸡鹜翔舞。邑犬群吠兮，吠所怪也。非俊疑杰兮，固庸态也”。

两千多年前，屈原满怀着对黑暗的憎恨，写完一生中的最后这首诗，告别人世，怀沙自沉了。当时秦、楚、齐三强都想争雄称霸，统一中国。屈原不但有很高的文化素养，而且通晓国际形势。他要求严明法纪，选贤任能，改良内政，同时主张“联齐抗秦”保全楚国的独立和安全。他遭到了腐败贵族们的反对和陷害，终于被赶出朝廷流放到洞庭湖畔。

在艰苦的流放岁月中，屈原忧国忧民，写下了以《离骚》为代表的许多不朽之作。在《离骚》这首诗里，屈原将他的思想、感情、想象、人格融合为一，通过绮丽绚烂的文采和高度的艺术倾吐出自己的历史、理想，表达出对昏庸王室和腐败贵族的愤恨，而流露出爱国家、爱人民的深厚感情，使我们体会到一个苦闷的灵魂追求真理、追求光明而感到幻灭的悲剧。

楚怀王不纳屈原的忠言，自己做了秦国的俘虏，国都也失落了。面对国破家亡的悲惨结局，屈原彻底地绝望了，于是在农历五月初五，以身殉国，用死来鼓舞人民的爱国热情。屈原被埋在土坟之中，然而反动的贵族们对死了的屈原也不放过，妄图掘坟鞭尸。于是人们又垒了十一个土坟，以此来迷惑反动的贵族。

屈原投江自尽的消息传开，当地群众立即包了许多粽子抛入江中，吸引鱼虾，以使屈原的遗体免遭伤害。相传端午节包粽子的风俗就是这样开始的。也是从那时候开始，各地人民都在端午节举行龙舟竞渡的。传说屈原怀沙自沉以后，汨罗江的渔民纷纷出动寻找，只求尽快把屈原的遗体打捞上来，他们有的击桨，有的有扁担和木板划水，数十人同舟共济争先恐后，一直追寻到浩瀚的洞庭湖。

龙舟竞渡在东南亚各国也都盛行，据说是从汨罗传出去的。日本朋友怀着对屈原的极其崇敬的心情，和汨罗人民一道参加龙舟竞渡。他们为能够在汨罗江参加这样一次龙舟盛会，感到非常荣幸。你看，他们用这种特有的方式，借汨罗江水在相互祝福。

人民没有忘记这位伟大的知识分子，两千多年来，屈原精神一直激励着人们奋发向上，为着理想，为着自由，为着真理，为着光明。

训练提示：要置身于风貌通讯描绘的情景中，语气从容舒展，好像在说自己的所见所闻一样，努力做到表达真实感人，将声音和画面有效地结合起来。

【任务拓展】

一、各小组根据所给风貌通讯专稿(或新闻专稿播音补充训练例稿)，撰写出一档风貌通讯节目策划文案，并播音、制作成完整的节目成品。

二、自主搜集素材资料，撰写策划文案，播音并编辑制作一档完整的风貌通讯节目成品(音频或视频)。

【思考测验】

一、什么是风貌通讯?

二、风貌通讯在播报上有什么要求?

【评价方法】

考核表

考核模块	考核内容	考核方式	考核点	分值	评分标准			
					优 90～100分	良 75～89分	及格 60～74分	不及格 0～59分
（一）知识与技能目标	1. 对所学风貌通讯播音理论知识进行回顾，总结。	理论测验	1. 准确说出风貌通讯的定义、特点、播音要求。	10				
	2. 选择一篇课堂训练例稿进行备稿，写出分析笔记，并播音。	技能训练	2. 掌握风貌通讯的播音要求、备稿方法； 3. 备稿六步齐全、分析正确； 4. 播音基调正确、语言规范、表达流畅； 5. 状态积极、层次清晰、节奏富于变化。	20				
	3. 以小组为单位，策划一期风貌通讯播音节目，并采访、撰稿、编辑、播音、制作成完整的播音节目成品。	作品评审	6. 能够运用风貌通讯播音的备稿方法进行播音前的准备； 7. 能够运用叙述、描写、议论、抒情等不同语言样式对事件通讯进行播音； 8. 策划、文稿、稿签齐全； 9. 节目导向正确，主题突出； 10. 语音规范、表达流畅，节奏富于变化，节目编排合理、制作精良。	50				
（二）过程与方法目标	4. 合作完成节目成品的过程表现。	综合评价	1. 能够获取、搜集、整理信息，甄选有价值信息； 2. 能够制定、实施工作计划； 3. 能够分析、发现、解决问题； 4. 具有理论知识的运用能力； 5. 能及时完成工作任务。	10				
（三）情感、态度、价值观目标	5. 出勤纪律、工作态度。 （违反第一条，10分全无）		1. 遵守工作纪律，自我约束力强，不迟到、早退、旷课； 2. 有职业道德与社会责任感； 3. 有较强的新闻敏感性，有一定的新闻工作者人文关怀意识； 4. 语言沟通能力、组织协调能力强，能够与团队成员团结协作，共同完成工作任务； 5. 能够实事求是完成工作评价，给出合理分值。	10				
自我评分（20%）+ 小组评分（30%）+ 教师评分（50%）/总分：								
改进建议								

任务5　新闻专稿播音补充训练

【学习目标】

一、巩固专稿播音的备稿方法、播音技巧，对训练例稿进行播音。

二、熟练掌握新闻专稿播音要求。

三、运用所学理论知识完成例稿播报训练。

四、自选题材，搜集素材，策划一期新闻专稿播音节目，并播音、编辑、制作成完整的专稿播音节目成品。

【课堂训练】

一、人物通讯

◇例稿6.10

2003年《感动中国》十大人物——杨利伟

事迹：

北京时间10月15日凌晨5时30分，即距离神舟5号顺利升空三个半小时前，身着银灰色太空服的杨利伟向总指挥李继耐报告："请示出征。"

杨利伟，辽宁绥中县人，身高1.68米，大学文化，1983年6月入伍，现为中国人民解放军航天员大队三级航天员，一级飞行员，上校军衔。

杨利伟1996年起参加航天员选拔，1998年1月正式成为我国首批航天员。经过5年多训练，他以优秀的成绩完成了基础理论、专业技术等8大类几十个科目的训练任务，并最终从众多候选者中脱颖而出，成为我国首位登上太空的宇航员。

面对如振动、冲击、噪声、失重、超重、宇宙辐射、高真空、昼夜节律变化、剧烈的温度变化等恶劣的太空环境，杨利伟要承受的超负荷心理、工作压力可想而知。这些环境因素会导致心血管系统功能紊乱、骨骼与肌肉结构和功能变化、睡眠周期紊乱、航天运动病、情感抑郁等一系列生物医学和心理方面的问题。

此外，杨利伟更需面对一旦发射失败可能会失去生命的危险。

但是，载负着中华民族千年的"飞天梦想"，这位中国人的首位"太空使者"，还是凭借自身超人的素质和勇气，最终出色地完成了自己的神圣使命。

颁奖词：

那一刻，当我们仰望星空，或许会感觉到他注视地球的目光。他承载着中华民族飞天的梦想，他象征着中国走向太空的成功。作为中华飞天第一人，作为中国航天人的杰出代表，他的名字注定要被历史铭记。成就这光彩人生的，是他训练中坚韧执着，飞天时的从容镇定，成功后的理智平和。而这也是几代中国航天人的精神，这精神开启了中国人的太空时代，还将成就我们民族更多更美好的梦想。

◇例稿 6. 11

2003 年《感动中国》十大人物——成龙

事迹：

在 8 月 3 日晚上举行的 2008 年奥运会会徽揭幕仪式上，身着白色唐装的成龙与邓亚萍一起荣幸地成为了会徽的护送者。

成龙是演员，但不仅仅是演员，他更像一个民族英雄。他在好莱坞为中国人争了光，还自愿当起了中国传统文化的国际传播大使，利用各种机会，不遗余力地在世界各地宣扬中国的传统文化。比如，成龙每次在公众场合露面的时候，都坚持以唐装示人。

成龙素来热衷公益事业，无论是在香港经济陷入困境期间，还是在抗击 SARS 期间，作为香港演艺圈“大哥级”人物的成龙，都率先挺身而出，组织义演义捐等慈善活动，号召港人“无论年纪老少、职业贵贱、收入高低，都要共同努力、互相支持、共渡难关”；同时，成龙还在世界各地利用各种时机履行着自己“香港旅游大使”的使命。

他是功夫绝顶的武术高手，他是耀眼夺目的国际巨星，他将惊叹与欢笑留给观众，他把名字印刻在星光大道。他是成龙，永远的中国龙。

颁奖词：

作为演员，他对事业的执着追求和顽强的拼搏精神，演绎了精彩的艺术人生，在国际影坛展现出中国影人的形象，为世界打开了一扇了解中国文化的窗口；作为公众人物，他对国家的情感和对社会的爱心影响着他人，在最需要的时候鼓舞着人们的信心，传递着人与之间的温情。

◇例稿 6. 12

2004 年《感动中国》十大人物——袁隆平

解说　一项惠泽世界人民的发明，一位赢得全世界尊重的农学家，历经坎坷时，他矢志不渝，功成名就时，他依然奋斗不止。

字幕　袁隆平 中国工程院院士 著名杂交水稻专家 国家科学技术奖获得者 74 岁

解说　2004 年，以色列沃夫奖、泰国金镰刀奖、世界粮食奖、先后授予了中国著名的杂交水稻专家袁隆平。沃夫奖被称为以色列的诺贝尔奖，而世界粮食奖更是农业领域国际上的最高荣誉。这位久负盛名的“杂交水稻之父”这样评价自己的贡献。

同期　袁隆平：“我认为我是做了一点工作，很难说有什么成功呢。我搞杂交稻这么一个事业，我带头搞起来，现在呢，全世界都承认了。这个杂交稻呢，是水稻一次革命，开创了水稻育种的一个新的途径。”

解说　有人曾经风趣地说，中国农民吃饭靠“两平”，一是靠邓小平的责任制，二是靠袁隆平的杂交水稻。今天中国水稻种植面积中，约有一半是采用袁隆平培育的杂交产品，每年生产的稻谷可以多养活6000多万人。2004年，袁隆平领导的超级杂交稻项目不断取得重大突破，在育种方面提前一年实现了大面积亩产超过800公斤的目标，这意味着每年又可以多养活7500万人。

同期　袁隆平：“我们现在13亿人口，人平大概一亩三分地，到了2030年要达到16亿，人平就是一亩地的样子。我们要修高速公路，修铁路，修机场，城市要扩大，耕地在缩小，还要退耕还林，还要退田还湖，每年的耕地几百万亩减，人口每年一千多万在增，这个非常严峻。中国人能不能养活自己？耕地再减少一两千万就不够了，所以说我们始终把产量放在第一位，努力提高单产。我有点雄心壮志，要改造。看到农民这么苦，我们应该有这个义务，有这个任务要帮助发展农业，帮助农民如何提高产量，改善他们生活。”

解说　为了这个目标，为了当年许下的诺言，现在74岁的袁隆平依然要经常穿上水田靴，骑上摩托车到水稻田里看一看，这位总是两腿沾满了泥点子的科学家，就像一位普通的农民一样，忙碌在田间地头。而研究水稻的这几十年，他就是这么过来的。从1979年至今，由于常年的奔波，他已经骑坏了八九部车。

同期　袁隆平：“我们没有上班下班制，因为我的工作主要是在试验田。大风大雨都要去，看它倒伏不倒伏，看哪些品种能够经得起几级风，真要去看的哩！搞科学研究，我想首先一个不要怕失败，你要怕失败，你就不要去搞研究。第二个搞科研呢，你就不要怕辛苦，书本上种不出小麦，种不出水稻来的。”

解说　袁隆平经常这样教育他的学生。他在研究水稻的过程中并不是一帆风顺的。1965年10月，当袁隆平写出杂交水稻的第一篇论文的时候，由于论文和当时的经典学说相背离，学术界并不认同，有人甚至嘲讽他异想天开。但袁隆平并没有放弃，经过多年的努力，他推翻了当时国际上关于水稻没有杂交优势的普遍观念，推出了一代又一代的杂交水稻，被誉为中华民族奉献给人类的第五大发明。

同期　袁隆平：“总结我的科学研究，可以用八个字概括一下，知识、汗水、灵感和机遇。我在科学上，那我绝对是要一往直前的。我不怕失败，不怕难的，这里面我觉得我还有老骥伏枥的壮志的。”

解说　因为袁隆平的杰出贡献，多年来他获得了很多荣誉，几乎成了得奖专业户。1981年，袁隆平获得中国第一个国家特等发明奖，2001年他又获得了国家科学技术奖，在国际上11次捧回大奖。1998年一项无形资产评估中，“袁隆平”三个字的品牌价值被估价超过1000亿元。然而荣誉和财富的不约而至并没有改变袁隆平科学家的本色。

同期　袁隆平："我感到最愉快的事是出新成果，这个成果给不给我荣誉是另外一回事，无所谓。我不停留在原有成绩的基础上。"

解说　袁隆平用得来的奖金设立了"袁隆平农业科技奖励基金会"，2004年他把刚刚得来的十二万五千美元的世界粮食奖奖金也全部捐给了基金会。联合国粮农组织聘请袁隆平担任首席顾问，并把全球范围内推广杂交稻技术作为一项战略计划，现在，已有20多个国家引种杂交稻。国际上这样评论袁隆平和他的杂交水稻：中国杂交水稻是在脱离了西方这个所谓农业科学源头的情况下，自己创造出来的一项成果，而袁隆平给中国解决贫困与饥饿，赢得了宝贵的时间。他增产的粮食实质上降低了人口增长率。他在农业科学的成就击败了饥饿的威胁。他正引导我们走向一个丰衣足食的世界。

袁隆平："我这个人水平不高，但是我有种认识，就是要不断地创新。科学研究最基本的特色，就是要创新，要不断地创新，不断向新的领域，新的高峰攀登，这才是科学研究的本色。"

◇例稿6.13

2005年《感动中国》十大人物——王顺友

事迹：

目前在很多地方，邮递员依然非常重要。对很多年轻人来说，孤独是可怕的。但是我们接下来要认识的这位邮递员，孤独是他生活的一种常态，甚至会在十四、十五天的时间里，自己跟自己的歌声打交道，跟身边陪伴他的马来打交道。这个时候你就知道，孤独是让人尊敬的，孤独是伟大的。

王顺友是四川省凉山彝族自治州木里藏族自治县"马班邮路"投递员，中共党员，苗族。2001年5月1日，成为全国"五一劳动奖章"获得者；2005年5月1日，中华全国总工会授予王顺友同志全国劳动模范称号。

木里，地处四川凉山州西北角，中国仅有的两个藏族自治县之一。地势险，平地少。多少年来，邮件传递也只能靠乡邮员步行背送。直到1960年，境况才有所改变，乡邮员开始配马——马班邮路由此而生。王顺友就是马班邮路上的邮递员。二十年，每年至少330天，在苍凉孤寂的深山峡谷里踯躅独行；二十年，步行26万公里，足可重走长征21回，环绕地球六圈半；二十年，没延误一个班期，没丢失一封邮件，投递准确率100%。

1995年的一天，邮路上骡子受惊，后腿乱踢，王顺友的肠子被踢破了。他捂着肚子，连走9天，终于送完邮件。当被老乡架到医院时，人已气若悬丝，奄奄一息。1988年7月，雅砻江上溜索绳突然绷断，王顺友摔在江岸上，邮件弹入水中，顺江而去。王顺友跳进江中，把邮包拖上岸。

除了送邮包，王顺友还自掏腰包，从城里带回了良种送给深山中的乡民。现在，深山里不仅庄稼亩产上升，冬天，这里都能吃上新鲜蔬菜。

没有豪言壮语，没有惊天动地，正是在这样平凡的工作中，王顺友表现出坚定的责任感和使命感，折射出强烈的敬业精神。

颁奖词：

他朴实的像一块石头，一个人一匹马，一段世界邮政史上的传奇。他过滩涉水，越岭翻山，用一个人的长征传邮万里，用二十年的跋涉飞雪传心，路的尽头还有路，山的那边还是山，近邻尚得百里远，世上最亲邮递员。

◇例稿 6.14

2008 年《感动中国》人物——自发去灾区救灾的唐山十三农民兄弟

事迹：

宋志永、杨国明、杨东、王加祥、王得良、宋志先、王宝国、王宝中、曹秀军、尹福、宋久富、杨国平、王金龙。均为男性，河北唐山人，年龄最大 62 岁、最小 19 岁，农民。

2008 年初，特大雪灾袭击了华南地区，湖南郴州成了一座冰雪中的孤城。没有上级号召，也没有组织要求，河北唐山 13 个农民除夕那天租了辆中巴车出发，顶风冒雪来到郴州参与救灾。

这 13 个来自唐山市玉田县东八里铺村二组的农民，自己准备了工具，初二上午赶到郴州电力抢险指挥部，成了湖南电力安装工程公司一支编外“搬运队”，每天起早贪黑、踏雪履冰为抢修工地扛器材、搬材料、抬电杆。2 月 23 日，在工作了 16 天之后，这 13 位农民兄弟离郴返乡，许多郴州市民在得知这一消息后，自发赶来为他们送行。他们还被郴州市授予“荣誉市民”的称号。

5 月 12 日下午，在得知四川汶川发生特大地震后，宋志永和 12 位兄弟商量后，几经辗转来到灾情最重的北川县城，成为最早进入北川的志愿者之一。他们用最原始的方法——铁锤砸、钢钎撬、徒手刨，不断寻找幸存者。只要哪里需要，他们就到哪里。他们与解放军、武警战士一起，抢救出 25 名幸存者，刨出近 60 名遇难者遗体。

推选委员评价：

刘姝威：一方有难，八方支援。正是他们及无数个他们这样的人，在 2008 年撑起了中国的脊梁。

王振耀：在国家巨大灾难面前，他们以无声有力的行动，宣告了民间志愿救灾时代的来临。

颁奖词：

不是归途，是千里奔波，雪中送炭；不是邻里，是素不相识，出手相援。他们用纯朴、善良和倔强的行动，告诉了我们“兄弟”的含义。

◇例稿 6.15

2008《感动中国》人物——张艺谋奥运团队

事迹：

让五千年文明跃然呈现，让中国惊艳世界！

总导演：电影导演张艺谋。

副总导演：中国人民解放军总政歌舞团团长张继钢，国家歌舞团副团长陈维亚。

开幕式是北京奥运会呈献给世界的“第一印象”，在整个奥运会中占有十分重要的地位。北京奥运会的开幕式水平如何，直接决定着我们能否举办一届有特色、高水平的奥运会。2005 年，张艺谋、张继钢、陈维亚等人被任命为北京奥运会开闭幕式总导演，负责整个开闭幕式的创作和实现。

为更好地展现“同一个世界，同一个梦想”主题口号的深刻内涵，体现绿色奥运、科技奥运、人文奥运三大理念，突出“文明”、“和谐”两大主题，张艺谋和他的团队推掉了高昂报酬的商业合作，带领他的团队夜以继日的工作。经过一千多个日夜的努力，奥运开幕式以出人意料的方式，精彩阐述了以中华文明的演进和世界文明的交融，用中国文化打动了世界。

推选委员评价：

于丹：他们的中国式的写意圆了世界一份梦想，这不是中国的展示，而是世界的融通。

朱玉：这是一群太懂得自己民族历史和文化的人，也是一个知道如何展示中华民族骄傲的团队，金牌授给他们，现在还不晚。

◇例稿 6.16

2010 年《感动中国》十大人物——郭明义

事迹：

郭明义，男，1958 年 12 月生，辽宁鞍山人，1982 年复员到齐大山铁矿工作。1996 年至今，任齐大山铁矿生产技术室采场公路管理员。

入党 30 年来，他时时处处发挥先锋模范作用，在每个工作岗位上都取得了突出的业绩。从 1996 年开始担任采场公路管理员以来，他每天都提前 2 个小时上班，15 年中，累计献工 15000 多小时，相当于多干了五年的工作量。工友们称他是“郭菩萨”、“活雷锋”，矿业公司领导则称因郭明义使整个“矿山人”的精神得到了升华。

2005 年，郭明义又开始捐献血小板，开始时从 800 毫升血浆中提取一个单位的血小板，后逐渐增加到从 1600 毫升中提取两个单位的血小板，每月捐献一次，已捐献 40 多次。

据介绍，一个体重75公斤的成年人，全身血液大约是6200毫升，截止到2010年上半年，郭明义已累计献血6万毫升(平均每次献血1.1升，每年献血2.7次)，相当于他身体全部血液量的10倍多。2008年12月，郭明义获得国家卫生部颁发的“全国无偿献血奉献奖金奖”。

郭明义还经常向工友们宣传无偿献血的意义和相关知识，带动更多人加入到无偿献血队伍中来。2007年2月，鞍山市中心血站血源告急，向郭明义求援。征得领导的同意后，郭明义写了一份无偿献血倡议书，一个班组一个班组地进行宣传。

3月2日这天，“齐矿”100多名职工参加了无偿献血，总献血量达到2万多毫升。一次来这么多人献血，完全超出鞍山市中心血站的预想，血站职工非常感动。像这样较大规模献血，郭明义组织了10余次，累计献血达到10万多毫升。

1994年以来，郭明义先后资助了180多名像杨思雯这样的特困学生。16年时间里，他捐给特困学生和贫困家庭的钱超过了12万元。这笔钱，比他参加工作以来所有工资的一半还要多。

颁奖词：

他总看别人，还需要什么；他总问自己，还能多做些什么。他舍出的每一枚硬币，每一滴血都滚烫火热。他越平凡，越发不平凡，越简单，越彰显简单的伟大。

◇例稿6.17

2011年《感动中国》人物——朱光亚

事迹：

2011年2月26日，“两弹一星”元勋、著名核物理学家朱光亚因病辞世。巨星陨落，德艺留芳，以他名字命名的“朱光亚星”在苍穹中绽放恒久的光芒，激励科学道路上的后人。

从上世纪50年代末开始，朱光亚在核领域奉献了大半辈子，直至2005年退休。“祖国的父老们对我们寄存了无限的希望，我们还有什么犹豫呢”——听到新中国成立的消息后，还在密执安大学读书的朱光亚组织起草了《给留美同学的一封公开信》，然后毅然选择回国，先进入北大教书，后转到核武器研究所。

1964年，我国自行研制的第一颗原子弹成功爆炸，朱光亚望着腾空跃起的蘑菇云，禁不住潸然泪下。筚路蓝缕，以启山林。当晚，作风严谨的他竟然喝得酩酊大醉。三年后，朱光亚与同事们又将中国带入了氢弹时代。

重要的核试验，朱光亚几乎都会亲临现场指导，不解决问题不罢休。对待需要撰写或修改的文件，朱光亚力求深入浅出，字斟句酌，连一个外文字母、一个标点符号都保证准确无误。

淡泊名利，身边人喜欢用这个词来评价朱光亚。1996年，朱光亚获得一笔100万元港币的奖金，转身就捐给了中国工程科技奖励基金会；1997年，又将积攒的4

万余元稿费捐给了中国科学技术发展基金会。解放军出版社曾策划出一套国防科学家传记丛书，报请审批时，他毫不犹豫地划掉了自己的名字。

推选委员评价：

阎肃说：肃然起敬，卓越功勋，他代表的群英，使我们的民族——自强，自信，自力，自尊！

颁奖词：

他一生就做了一件事，但却是新中国血脉中，激烈奔涌的最雄壮力量。细推物理即是乐，不用浮名绊此生。遥远苍穹，他是最亮的星。

◇例稿 6.18

2011 年《感动中国》人物——刘伟

事迹：

当一名职业足球运动员是刘伟的青春梦想，但 10 岁那年的一次触电事故，不仅让他失去了双臂，更剥夺了他在绿茵场奔跑的权利。

耽搁了两年学业，妈妈想让刘伟留级，他死活不干。在家教的帮助下，刘伟利用暑假将两年的课程追了回来，开学考试，他拿到班级前三名。重回人生轨道的刘伟，一直对体育念念不忘，足球不行，那就改学游泳。12 岁那年，他进入北京残疾人游泳队，两年后在全国残疾人游泳锦标赛上夺得两金一银。

“在 2008 年的残奥会上拿一枚金牌”，刘伟跟母亲许诺。谁知厄运又来纠缠，过度的体能消耗导致免疫力下降，他患上了过敏性紫癜。医生警告说，必须停止训练，否则危及生命。无奈之下，刘伟与游泳说再见，走进了后来带给他成功的音乐世界。练琴的艰辛超乎了常人的想象。由于大脚趾比琴键宽，按下去会有连音，并且脚趾无法像手指那样张开弹琴，刘伟硬是琢磨出一套“双脚弹钢琴”的方法。每天七八个小时，练得腰酸背疼，双脚抽筋，脚趾磨出了血泡。三年后，刘伟的钢琴水平达到了专业七级。

“我的人生中只有两条路，要么赶紧死，要么精彩地活着”。在《中国达人秀》的舞台上，刘伟演奏了一首《梦中的婚礼》，全场静寂，只闻优美的旋律。曲终，全场掌声雷动，他是当之无愧的生命强者。去年，刘伟又登上了维也纳金色大厅。

推选委员评价：

陆小华：脚下风景无限，心中音乐如梦。刘伟，用事实告诉人们，努力就有可能。今天的中国，还有什么励志故事能赶上刘伟的钢琴声。

颁奖词：

当命运的绳索无情地缚住双臂，当别人的目光叹息生命的悲哀，他依然固执地为梦想插上翅膀，用双脚在琴键上写下：相信自己。那变幻的旋律，正是他努力飞翔的轨迹。

二、事件通讯

◇例稿 6.19

升温的南海局势(三)

现场　港口的鞭炮声

解说　本周四上午九点，琼琼海 09099 号渔船又准备出海了。这艘船就是四月十号曾在黄岩岛被菲律宾军方非法袭扰的十二只船中的一艘，五天前刚从黄岩岛回来。

同期　你们都在准备了什么东西？

琼琼海 09099 渔船船员陈明海：青菜米油。

解说　虽然刚刚经历了袭扰，但是对于这些祖祖辈辈靠到南海捕鱼为生的渔民来说，大海就和他们的农田一样。

同期　准备去黄岩还是去黄岩岛？

琼琼海 09099 渔船船长许德潭：那是我们的地方，到那里抓东西。

解说　琼海市潭门镇是距南沙最近的港口之一，有四分之一的人从事与捕鱼有关的行业。在南沙捕鱼的渔民，大多来自潭门镇。据当地渔民协会的负责人说，从上世纪九十年代开始在谭门就有数百人有被周边国家海上军警抓扣过的经历。渔民麦陆游就是其中一位，在一次去南沙作业时，和其他三条渔船的 62 位渔民一起被菲律宾军警抓走。

同期　麦陆游渔民：这是监狱里面，这是监狱外面，62 位渔民就是关在里面。六个月和他们菲律宾犯人一起关着。

解说　被抓扣后几天，他们在这里见到了前来与菲方进行交涉的中国外交部官员，但是菲方坚持不肯放人。

同期　麦运秀渔民：问我们，你们承认南沙是菲律宾的领海就放你们(回家)，声明就放你们回去。那我们不声明，坐牢了。

解说　这 62 位渔民经历了 21 次庭审，4 位船长又上庭 7 次，罪名是“非法侵入菲律宾的经济专属区”。最后，麦陆游是通过外交斡旋才被释放的，他在菲律宾巴拉望的监狱坐了六个月牢，但是他的父亲和另外三位船长一直被扣押了十个月才得以回家。比起坐牢更让他们难过的是，看到一家人辛苦赚钱才买回的新船，在菲律宾的码头上沉没。

同期　麦运秀渔民：差不多损失一百万，全部抢光了，船在那个军港里不久，有用的东西全部下下来，把船弄漏水沉下去了。

解说　和麦家一样，很多被抓的人都失去了自己的船，有的还缴纳了高额的赎金，从此背上了沉重的债务。

同期　麦陆游渔民：一抓，那船就坏掉了，命运已经全部改变了，已经什么都赚不回来了。

解说　谭门距离南沙有1000多海里，去一趟南沙并不是一件轻松的事情，一次出海往往都要一个月，每次来回的人工和柴油则会花费十多万元。但是随着周边国家把手伸向南海越来越大的范围，抓扣中国渔民被看做一种宣示主权和管辖的手段。渔民们在南沙的活动区域越来越受到限制，许多传统渔场已难以进入。

同期　王昌渔民：以后，如果菲律宾不让我们作业的话，还有越南不让我们作业的话，南沙基本去不了，南沙就没多少个礁盘嘛。

解说　2002年我国和东盟国家签订了《南海各方行为宣言》，南海行为宣言明确写着："在争议解决之前，各方承诺保持克制，不采取使争议复杂化和扩大化的行动。"然而，这些年来南海却并不平静。

同期　厦门大学南洋研究院李金明：说是搁置，实际上是在他的控制之下，他就经常派巡逻船在那边巡逻，一发现你渔民的时候就抓。

解说　在原本就属于我们的海域捕鱼还会被外国军警抓扣，让很多中国渔民不能理解。这些国家用所谓的"非法侵入经济专属区"罪名来判我们的渔民，但是我国却从来并没有和这些国家划什么专属经济区。

同期　军事专家尹卓：双方并没有划专属经济区，所以你这样就是非法的。你以你自己确定的边界，认为我们渔民进入你的边界里头，你采取国内法，这实际上是想造成一种既成事实，他的国内法已经在这个海域里得到实施。

解说　周四中午，琼琼海09099船按照传统，进行了一个简单的祭海仪式，之后他们将继续开赴黄岩岛作业。

同期　经过那个事情之后，你们还去。你们不怕吗？不担心吗？

琼琼海09099渔船船长许德潭：我们有海监船在那里守住，我们干活。

◇例稿6.20

央视调查称国内所售鳕鱼可能均非真鳕鱼

提要　近日，关于"假鳕鱼"的消息引起了社会关注。据悉，目前国内市场所出售的大部分鳕鱼并非真鳕鱼，而是油鱼。油鱼脂肪含量为18%到21%，而鳕鱼脂肪含量应在5%以下。专家称，食用油鱼易导致身体不适，建议少吃。

央视《真相调查》："有毒"油鱼充鳕鱼？

摘要　昨天在网上一条关于"假鳕鱼"的微博引起了广泛的关注。一位网友在网上发微博称，她的女儿吃了在超市买的假鳕鱼，最后导致腹泻。随后演员马伊琍也发了一条微博附和称，她的孩子也吃了在超市买的鳕鱼，最后导致腹泻。后来经实验室的检验人员检测说排泄物全是脂肪。于是她怀疑买的所谓的鳕鱼是由油鱼所冒充的。她这条帖子在当天就被转发了8万多条。我们再寻找最初发微博的那条帖子发现已经被删掉了，但是鳕鱼是不是由油鱼的冒充的？仍成为昨天在网上讨论的一个热点话题。

由于微博都称是在家乐福超市所买的，上海家乐福超市昨天也予以了回应。超市称，自己在超市当中卖的都是鳕鱼分为两种：一种叫银鳕鱼，是智利产和加拿大产，价格分别是150元到200元，每500克(每斤)。还有一种是水鳕鱼，是散装的、片装的。还有一种是鳕鱼扒，价格是从9元到50元每克不等。超市称，自己在系统内所销售的都是鳕鱼，而是证照齐全，绝没有其他产品进行冒充。那么是否在市场销售的只有这两种鳕鱼，油鱼又是什么呢？请看记者的调查。

正文　记者在北京市的某海鲜批发市场了解到，目前北京市销售的鳕鱼共有三种，按照销售商的分类分别是银鳕鱼、龙鳕鱼和水鳕鱼。

同期　记者：这叫什么鳕鱼？

销售商：这是龙鳕鱼，还有一种银鳕鱼，比较贵。

记者：这叫什么鳕鱼？

销售商：水鳕鱼。

正文　通过记者的调查，这三种鳕鱼的批发价格差别很大。最贵的是银鳕鱼，每斤大约100元左右。而龙鳕鱼和水鳕鱼的价格每斤只卖到10元左右。

同期　销售商：银鳕鱼一公斤190多元。

正文　市场上出售的这三种鳕鱼都已经去头去尾，并且经过冰冻，所以从外形上看并没有什么区别。只是水鳕鱼一般切片出售，而银鳕鱼和龙鳕鱼都是整块出售，那么这些不同的鳕鱼它们的销路有什么区别呢？

同期　销售商：看什么地方用？有的大酒店肯定都用银鳕鱼了。

记者：这个一般都卖到哪？

销售商：档次低点的饭店。

正文　调查发现，在北京的市场上销售的鳕鱼中并没有油鱼这个品种。按照销售商的说法，他们出售的这三种鳕鱼都是鳕鱼的一种，只是口感有差别，造成了价格的差异。据河南省农科院化验室对市场上部分龙鳕鱼脂肪含量进行的检测发现，送检的龙鳕鱼样品的脂肪含量高达18.16%，而真正的鳕鱼脂肪含量应该在5%以下。

我们看到在市场上销售的鳕鱼分为三种：水鳕鱼、龙鳕鱼、银鳕鱼。它们价格差别很大，从几块钱一斤到一百多块钱一斤。微博上所称的“油鱼”又是什么呢？是不是其中当中有一个就是油鱼呢？我们再来看记者的调查和专家的解释。

同期　金显仕中国水产科学研究院黄海所副所长：龙鳕鱼按照现在市场上准确卖的基本上可以判定就是油鱼，十几块钱一斤的基本上是油鱼。水鳕鱼应该也不是鳕鱼，水鳕鱼应该是俗名的油鱼。现在市场里卖的包括银鳕鱼、水鳕鱼、龙鳕鱼，可能都不是鳕鱼，包括银鳕鱼也不是鳕鱼。如果是准确的鳕鱼，我们国内有生产一种那叫太平洋鳕，也叫大头鳕，这是真正的鳕鱼。鳕鱼背鳍有三条，腹鳍有两条，油鱼就一个背鳍，前面还有一些刺。银鳕鱼是属于鲉形目的，它又叫裸盖鱼，它的体形很像鳕鱼，有一些俗名也叫鳕鱼。鳕鱼的价格一般比较便宜，现卖，在内地都没有，一般都在海边，数量非常少，一般地就是五六块钱一斤吧，就是完整的鱼，不是切片的。

正文 专家给了我们非常明确的概念，那就是市场上所谓的水鳕鱼和龙鳕鱼，就是我们俗称的油鱼。即使是大家口感很好的银鳕鱼，也不是科学意义上的鳕鱼。那么，我们也查了有关资料，对市场这三种所谓的鳕鱼进行了一个明细的界定。

我们首先来看大家所称的油鱼，也就是我们刚才所讲的水鳕鱼和龙鳕鱼，它属于鲈形目，学名是叫异鳞蛇鲭。超市卖到100多块钱一斤以上的银鳕鱼，它属于鲉形目，学名叫做裸盖鱼，这种鱼被称为是海之黄金，肉之细嫩，口感非常好。主要产地是在挪威、冰岛、加拿大，还有俄罗斯。它的市场售价一般都在每斤100块钱以上，这也就是我们所俗称的真正的鳕鱼，实际在科学划分上它也不是鳕鱼。真正的鳕鱼是什么呢？就是鳕形目，学名就叫鳕鱼。这种鱼是濒危保护动物，它的捕捞是被严格限制的。

再明确一下，在超市当中银鳕鱼是裸盖鱼，我们吃的水鳕鱼或者说是龙鳕鱼都是异鳞蛇鲭，也就是油鱼。这种鱼它体内含有大量的脂肪，脂肪含量达到了18%到21%。这样一个脂肪人们在食用之后，它不光是肉质比较粗糙，口感不像银鳕鱼这么好。人们在食用之后，这些脂肪很容易堆积到肠道当中，产生腹泻或者不适。油鱼在国外基本是用于工业目的、工业炼油。在欧盟、美国、日本和意大利是明令禁止食用油鱼或者建议不食用油鱼的。但是，中国并没有禁止食用油鱼，食鱼到底有毒没毒呢？我们再来听专家的解释。

同期 金显仕：油鱼基本上它也是一个大洋性的，生活在热带水域的鱼类，它食用应该说没有什么大的问题，但是建议少吃，尽量煮熟了吃。

记者：为什么？

金显仕：因为这个鱼油脂含量比较高，吃了，有很多人可能对身体不适。

正文 专家说，油鱼可以食用，但建议少吃。对于应该如何食用油鱼，专家也给出了建议。

同期 戴小杰上海海洋大学渔业资源系主任：如果是红烧或者是清蒸的话，容易造成消费者腹泻，造成肠胃不好，危害怎么严重倒没有，要是肠胃不好，造成腹泻、脱水，轻微的不适。

记者：所以一般就是说不建议来食用，是吗？

戴小杰：食用，如果烧烤的话也可以，因为它含有蛋白质里面，如果烧烤去掉脂肪，降低脂肪成分。

（2012年4月20日央视《真相调查》）

三、风貌通讯

◇例稿6.21

《话说长江》部分解说词

第十二回 长江第一坝——葛洲坝

图片说明：葛洲坝水电站是中国长江干流上的第一座大型水利枢纽，兼顾兴利，防洪和通航功能。大坝位于湖北省宜昌市三峡出口南津关下游约3公里处。长江出三峡峡谷后，水流由东急转向南，江面由390米突然扩宽到坝址处的2200米。由于泥沙沉积，在河面上形成葛洲坝、西坝两岛，把长江分为大江、二江和三江。大江为长江的主河道，二江和三江在枯水季节断流。葛洲坝水利枢纽工程横跨大江、葛洲坝、二江、西坝和三江。

万里长江，在世界著名的三峡中穿峡谷越险滩，冲出最后一峡——西陵峡的关口南津关以后，江面骤然由300来米猛增到2200多米，这里是天宽地阔啊。长江从这里起再也不受高岭深谷的胁迫，它那被禁锢了4500多公里的身躯，从这里开始得到了自由的舒展。

长江流出南津关，下行3公里就到了湖北省的宜昌市。

长江在这里被江中心的葛洲坝和西坝两个小岛分隔成大江、二江和三江。枯水的时候，大江行水。洪水期，三条江道同时泄洪。葛洲坝水利枢纽工程就兴建在这里。

葛洲坝水利枢纽工程是一项综合利用长江水力资源的工程，整个葛洲坝工程需要挖填土石方大约八千万立方米，要是堆成1米高1米宽的墙啊，可以长达9万公里，能绕地球两圈多。

大坝是整个工程的主体，而大江截流能否成功又是主体的关键。葛洲坝水利枢纽工程自1974年正式施工，到1981年进入了大江截流的高潮，满载石料的各种重型自卸卡车一字排开，看不清头尾。人们像准备发起冲锋的战士一样，屏住呼吸等待着冲锋的命令。

1981年1月3号7点30分，一声截流令下，四五百台巨型机械的轰鸣声，震撼大江两岸，车流像一条钢铁传送带，平均每隔18秒钟，就有一车石料投龙口。

在截流的头13个钟头里，长江不得不以每小时6米的速度把江道退让出来，大坝每小时前进6米，这是多么慢的速度、多么短的距离！是啊，就是连刚刚学会走路的小孩，也能在几分钟之内走完6米的距离。可是，此时此地，大坝每前进一分一厘，都要经过艰苦的搏斗。

万里长江自古以来在这里一直是随心所欲地自由流淌。现在，滔滔的江水却要在人们的力量和智慧面前被迫退出这世袭之地。长江当然不会轻易屈服。

当龙口只剩下20米宽的时候，截流更加艰巨了，投放25吨重的混凝土料块，也被发狂了的江水轻易地冲走，冲走了再投，投了再冲走，就这样一直持续了两个多小时，投放了数不清的石料，坝头几乎毫无进展。

多少年来，在江边悬崖上攀缘行进的纤夫、在三峡中驾舟踏浪的艄公，曾被人们看作是中华民族不屈性格的象征，今天，在这个横锁长江的战场上，数万截流大军以伟大的力量和智慧，向大自然进击，在他们的身上，中华民族的英雄性格迸发出了新的光彩。

咆哮的江水，轻而易举地吞没了25吨重的三角铁料，怎么办？截流战士们用粗壮的钢丝绳把三、四个25吨重的混凝土块连成葡萄串，从两岸同时把巨大的葡萄串抛入龙口。好，成功了！大坝又继续向前延伸。

大坝终于合拢了。快，快抢拍下这个难得的镜头。这个小伙子顾不得脚下高低不平、七棱八拐的石头，从长江的对岸一跃跳了过来。截流战士会师了。

整整经过了36小时23分钟的激战，一条雄伟壮观的大坝巍然屹立在江面上。这是钢铁的大坝，这是力量的大坝，这是智慧的大坝。

大坝全长2561米，高70米，坝顶设有许多专用设备，还可能通行汽车、火车。葛洲坝水利枢纽工程主要由拦江大坝、电站、泄洪闸、船闸、冲沙闸等建筑物组成，具有发电、航运、泄洪、灌溉等综合效益。

葛洲坝工程的兴建，使坝的上游水位抬高20多米，向上游回水100多公里，形成了一个蓄水1580000000立方米的人造海，有效地改善了三峡航道。

建坝前，由于三峡航道险滩礁石的障碍，这一段江道的看货运量仅为400万吨左右。建坝后，三峡航道水位上升，其货运量猛增到5000万吨以上，提高了10倍多。

早在兴建葛洲坝工程之初，周恩来总理就明确地指示过，在长江上建坝，首先要考虑的是不影响通航，如果建坝影响了通航，大坝就没有存在的意义。

为了保证建坝后不影响长江的航运，葛洲坝水利枢纽工程，建有三座大型船闸。二号船闸，是世界上少数巨型船闸之一，闸室长280米，宽34米，可以通过万吨级船队。单是这个船闸的人字门，就足以使人惊叹。为了焊接这个闸门，24个技艺精良的电焊工整整干了37个日日夜夜，烧去的焊条就有4万多根。这是一个什么样的闸门呢？每扇闸门的面积比一个篮球场还要大，重600吨，有12层楼那么高，难怪人们称其为天下第一门。

门谁都见过，开门、关门更是一日数次乃举手之劳。可是开关这么大的闸门谈何容易呀。庞大齿轮，带动着长长的弯曲的钢铁巨臂，完成了人们尚在思索中的动作，而发布这一系列动作的命令的竟然是一个年青姑娘纤细的手指，真是一指推千斤，哦，不，准确地说应该是一指推动了1200吨。

1981年6月27号葛洲坝的二号、三号船闸正式投入使用，长江中游和上游之间的航运，已经恢复正常。葛洲坝水利枢纽工程在大江和二江河段上各建一座低水投静流电站，总装机容量为270万千瓦。

二江电站的一号和二号机组，是我国目前最大的水文发动机组，单是水文机的四个不锈钢叶片每个就重40吨。人和这个庞然大物相比显得那么微不足道。但是这个庞然大物却是人设计制造出来的，并且要为人服务的。

葛洲坝水利枢纽的电站是我国目前最大的水电站，年发电量达141亿度，强大的电流将对我国的工农业生产和人民生活起到不可估量的巨大作用。

为了防止泥沙的淤积，保证通航发电，在大坝的两边兴建两座冲沙闸，用来束水冲沙。葛洲坝工程如果没有冲沙系统，只要100年坝的上游就要被泥沙填平，整个工程就要报废。葛洲坝水利枢纽工程还建有27孔泄洪闸，要是把闸门全部打开，可以下泄每秒11万立方米的特大洪水。

如果说开发利用长江的水力资源，是一场规模宏大的战役，葛洲坝的兴建只能算是一场不大不小的火力侦察。等到战役的大幕全面拉开，那将更加振奋人心！

第十八回　佛教圣地九华山

九华山，位于安徽省长江南岸的青阳县境内，在汉代叫陵阳山，梁代叫做帻山，后来呢又叫九子山，唐朝天宝年间，李白游秋蒲的时候写下了“昔在九江上，遥望九华峰。天河挂绿水，秀出九芙蓉”的名句，从此九子山更名为九华山。

安徽的九华山和四川的峨眉山、山西的五台山、浙江的普陀山组成了我国的四大佛教圣地。

这四座山虽然都是佛教圣地，但是又各有不同。峨眉山供奉着普贤菩萨、五台山供奉文殊菩萨、普陀山供奉观音菩萨，而九华山是供奉地藏菩萨的。

地藏菩萨又叫大愿地藏菩萨，他曾经发誓：众生度尽，方正菩提，地狱未空，誓不成佛。把这段话翻译出来就是说啊，不把地狱中受苦受难的人全部解脱出来，他就永不升天成佛。

但这只是他的愿望，因为无论何时他都不可能普度众生，解脱人们的苦难。

说来也怪，在我国数以万计的群山之中，为什么偏偏九华山能得到佛教的青垂，成为有名的四大佛山之一呢？相传九华山是地藏菩萨修身成道的地方。佛经中的地藏菩萨是否来过九华山这无从考证，但九华山在众多的群山这中能够脱颖而出、名列前茅却是和另外一个分不开，这就是金地藏。

早在1300多年前，朝鲜国王族的近亲当中有一个自幼出家法名叫金乔觉的和尚，他二十四岁时渡海来到中国，见九华山的风景非同一般，于是隐修此间，苦心修行。

传说乔觉和尚就是骑着这个独角兽由朝鲜渡海来中国的。独角兽有其独特之处，和其他的动物相比，它不是有血有肉的躯体，而是由青铜浇铸成的重500多斤。

金乔觉和尚虽然是朝鲜人，但是他却是一位对汉族文化造诣很深的佛门高僧，在《全唐诗》里，收有他的《送童子下山》一诗：“空门寂寞汝思家，礼别云房下九华。

爱向竹阑骑竹马，懒于金地聚金沙。添瓶涧底休招月，烹茗瓯中罢弄花。好去不须频下泪，老僧相伴有烟霞。”金乔觉和尚在诗里的对忍受不了出家人的清苦，中途退出佛门的年轻弟子，充满了谆谆教诲之情意。公元728年，苦心修行75年的金乔觉和尚年值99岁时，趺座而逝。世人看到金乔觉死后的肉身与佛经中的地藏菩萨容貌相同，认为他是佛经中地藏菩萨的化身，于是称他为金地藏。当地的居士僧众在他的葬地建立地藏塔以供人朝拜。从那儿以后，九华山的香火日趋旺盛，九华山的名气也越来越大。“九华一千寺，撒在云雾中”。这是盛时的情景。现在九华山上尚有寺庙78处，僧尼300多人。九华山的寺庙主要集中在九华街和闵园两处。佛教徒都把九华街称为“莲花佛国”。

九华山寺庙众多，当推化城寺为首，它既是九华山的开山寺，又是地藏菩萨的道场，名声远震东南，成为九华山的主寺。化城寺建在芙蓉岭下，雕刻有莲花古钱的石板小道直通寺庙门口，每年农历7月30日是地藏王的诞辰日，络绎不绝的香客和游人来这里朝圣拜佛。化城寺中的各种佛像在十年浩劫中已经荡然无存了，唯一幸存的是一口高一丈有余的大钟。化城寺是全山百寺之首，它的钟声便是全山佛客的号令。

每当红日西坠，蒲牢一击，九华百寺之中纷纷击发，其钟声响彻山谷。数百名僧尼随着钟声开始了晚课。僧尼在念经拜佛或者进行其他佛事活动的时候，皆需要撞钟击鼓，以求神灵保佑。菩萨保佑过什么人呢？神灵又解脱过谁呢？这并非什么高深不解的数学难题。有人宁可信其有不愿讲其无，这只不过是想从中得到一点自我安慰罢了。

当然了，在外行人看来，所有的佛事活动都是这么一套，其实并非如此。佛事活动的规模有多大，由谁主持，念什么经，进行多长时间，这些都有一定之规。换句话说，就是要根据香客的要求以及所献香火费的多少来定。

九华山的寺庙以甘露寺、东岩寺、万年寺、祇园寺的规模最大，号称“九华四大丛林”，凡称丛林的寺庙都能单独开坛传戒，举办各种佛事活动。

祇园禅寺，在东岩脚下，大雄宝殿高耸于台地之上，向着肉身宝殿，而它的山门却迎向九华街面朝人流的来向，中间是金刚殿转折过渡，显得雄伟活泼。在一所寺庙中，大雄宝殿是禅寺的主殿，各种重要的佛事活动一般都在这里进行，这里供放着佛教的创始人释迦牟尼。释迦牟尼是公元前五六世纪中尼泊尔净饭王的儿子，本名叫乔达摩悉达多，释迦牟尼是佛徒们给他称号，意思是释迦族的圣者。释迦牟尼生于公元前565年，大体与我国的孔子同时，他29岁的时候放弃了王宫舒适的生活进雪山修道，最后在菩提迦耶树下悟道成佛。在大雄宝殿里的两侧，默默地站立着18位罗汉，除了常随释迦传教的十六个弟子外，一个是为这十六个徒弟写传记、法住记的作家——斯里兰卡的庆有尊者，另一个就是法住记的中文译者——人们比较熟悉的到西天取经的唐玄奘。

万年寺又叫百岁宫，建在东岩之边。明朝万历年间，有一位名叫无瑕的和尚云游天下，来到九华山，就在伏虎洞栖居，吃野果饮泉水，苦修苦练了100多年。无瑕和尚一直活到了126岁，最后在这个石洞里坐化，死后三年才被他人发现。山上的和尚认为他是活佛转世，所以将其尸体装金供奉，崇祯皇帝封他应身菩萨，在百岁宫的肉身殿里供奉着无瑕和尚的装金肉身。这尊肉身虽然只有350多年的历史，比不上马王堆出土的女尸那样历史悠久，但是，它却是常年置于空气之中而不腐。无瑕和尚的肉身在10年浩劫中被一位老和尚冒着生命危险保存下来，现在是九华山唯一的一尊肉身。

九华山的寺庙大到有数百间房屋，小到一家两三间房子就是一个庵堂。九华山的尼姑庵大都散布在三十平方公里的闵园山坡中。这些名叫安乐堂、九华莲社、心愿茅篷的尼姑庵与山区的民房夹杂在绿荫之中，石板小径时隐时现，组成了恬静、别致、秀丽的山区景色。

九华山的尼姑大都在四五十岁以上，相当一部分人是因为解放前家庭生活困难而削发为尼的，师徒二三人组成一家也是一个庵堂的全部成员。尼姑们念经拜佛之余，有的喜欢养花种草，有的善于飞针走线，有的精于医道。目前，她们除了通过自己的双手获得一部分收入外，国家对每个僧尼都定期配给一定的粮食和生活费用。这些尼庵都不很大，除了正堂设有几尊菩萨像外，其他都是生活用房，是典型的庵堂合一。

有人讲，出家人的生活是舒适清静的。其实不然，佛教的戒律规定已经正式受戒的僧人有25条戒律，至于已经正式受戒的尼姑则有348条戒律，若有触犯清规戒律者，视情节轻重要给予一定的惩罚。

我们从现在尚存的、通向全山各处的24万余级石板山路，仍可想象当年来此取经布道的僧尼和朝拜施舍的香客，三步一拜五步一扣的情景。

由闵园沿着弯弯曲曲的石径继续上行，就直通古拜经台和天台正顶了。古拜经台是一座始建于唐，重建于清的大寺庙，相传这里是地藏菩萨拜经之地。由古拜经台再拾级级而上就到了九华山的最高峰——天台正顶了。山顶上建有一座五层楼高的万佛寺，所谓万佛寺，是因为殿内的木梁上雕有一万个栩栩如生的佛像而得名。

站在万佛寺的捧日亭上，九华群峰尽收眼底。古人说：山之骨在石，山之趣在水，山之态在树。我们没有对九华山的石、水、树进行专门的介绍，这并不是说它们不美。九华山之所以称为九华山，除了石、水、树这些山的共性以外，庙宇、尼庵，还有各式各样的佛事活动，这些才是真正能够反映九华山特色的个性，我们姑且把它们称作为九华山的山魂。

◇例稿 6.22

《再说长江》部分解说词

第一集　大江巨变

这是20多年前，一部史诗般的电视系列节目《话说长江》中的影像。拍摄者将镜头对准中国最长的河流——长江，纪录下与它有关的神奇自然、厚重人文和长江流域人们的生存状态。

20世纪80年代，一个将改变中国人生活的时代正在到来，时代变迁的急促脚步成为《话说长江》中最具历史张力的影像。1983年《话说长江》播出，产生了一个万人空巷的收视奇迹。当年的报道这样描述：每到星期天的晚上，数百万中国人便坐到电视机前，收看由中央电视台播放的电视系列节目《话说长江》。对于当年的人们来说，这是一次影像的盛宴。

更为重要的是，这条巨大的河流带给他们澎湃的激情和民族自豪感。一个个难忘的画面成为人们心中挥之不去的时代印记。通过电视荧屏，中国人第一次完整地看到了流淌了亿万年，养育了中华民族千百年的母亲河的真实容颜。这部长达25集的系列节目来自4000多分钟的电影胶片素材，鲜活画面的背后是历时整整一年的艰辛拍摄。1981年，一代电视人开始了这次盛况空前的拍摄，他们的足迹遍及大江两岸。之后，一部在中国电视史上具有里程碑意义的作品脱颖而出。

2004年，距离《话说长江》播出整整20年后，中央电视台《再说长江》摄制组，沿着长江开始了又一次大规模的拍摄，这是对20年前脚步的追寻。某种意义上，这是跨越不同时空的同一次纪录。

20年，历史中的短暂一瞬，而对于世纪之交的长江，却充满沧海桑田的意味。它的背后，是一个巨变的中国。20多年前留下的画面中，长江上这些险峻的峡谷，令人想到了古诗中关于蜀道的描述。峡谷居民搏命般的水上生活，带着远古的血性和豪气。而在流域的另一些河段中，富于现代色彩的水利工程已初露端倪。20世纪80年代，长江边的城市中已出现这些规模巨大的楼群。时尚，开始成为大多数人的新鲜话题。这些情景，仍然深深地映在许多人的脑海中。甚至，每一个细节都会令人感动。来自20多年前的面孔、表情和动态，让我们找到自己生活的影子。同时，也更加清晰地看到，今天的生活发生了怎样的变化。对于生活在今天的我们，这是属于每一个人的20年。从2004年起，《再说长江》摄制组开始多方寻找当年镜头中的人物，他们的人生凝聚着20年长江流域，甚至整个中国变迁的历史。

1982年，在长江上游的重庆，一座横跨长江的大桥竣工了，人们用罕见的隆重庆祝桥梁的落成。

这一年，重庆孩子李曦11岁，居住在新大桥旁边的他成为桥上的第一个晨跑者。23年后，李曦和家人仍然居住在长江边，在桥上晨跑的习惯也一直保持下来。

不同的是，这已是重庆无数新大桥中的一座。今天，重庆的跨江桥梁的数量，已超过长江流域几个大城市桥梁数量的总和。它们纵横南北、依山就水连接出一个巨大的都市。

23年后，这个长江上游的城市已是中国最新的直辖市。如同当地的传统戏剧中的绝技一样，它在令人不可思议的高速中变脸。今天的重庆是另外三个中国直辖市总面积的2.4倍，重庆版图的翻新已缩短到每3个月一版。影像展示出这个城市魔幻般脱胎换骨的历史，这是一个充满想象空间的城市，布满时间创痕、饱含生长能量。20年间的突变，已超出了重庆人想象力的极限。

20年，在整个长江流域，对于居住在不同城市和乡村的许多人来说，生活的奇迹都已超出了他们的想象。

上海，长江入海口的国际大都市。100多年前留下的西式建筑和欧陆情调背后，城市的脊梁和肢体飞速延伸血脉贲张。上海人对时尚的追求在今天呈现出更丰富的形式。速度，刺激了上海人的灵感。现在，这仍是他们遵从的法则。20年，速度带来一座城市沧海桑田的诗意。上溯到六七千年前，今天上海所在的地域还是茫茫大海。数千年间，长江水带来的泥沙不断堆积形成长江流域这个巨大的冲积平原，这是上海最初的历史。现在，历史仍在长江与大海的交合中衍生。崇明岛这个由长江的泥沙堆积孕育的中国第三大岛屿，仍在以每年新增2万亩土地的速度增长。这些伸向大海的湿地，仿佛是长江生生不息的象征。

在距离大海6000多公里外的地方，长江以另一种形式表达它的个性。仿佛从天而坠，狂野的水流带着初生的血性和莽撞，劈开山脉和峡谷一路浩荡东去。今天，以我们短暂的生命仍可观照这条亿万年的大河。长江流域，这些亘古造化的自然奇观，有着长江脱胎临界过程中所有的生命迹象。许多证据表明，200多万年前，人类的身影开始出现在这里，在孕育万物和人类的过程中，长江仍以各种方式呈现它最新的生命状态。周而复始、昼夜朝夕，如同我们每个个体生命的降临。20世纪80年代，在长江两岸许多人正在经历他们不同的人生阶段，而作为新中国历史中一个特定的时代，80年代却充满最原生的活力和状态。有着和这些孩子一般的天真和生动。此时，不论对于孩子还是他们的时代，一个富于能量的生活正在来临。那时，在长江两岸的许多地方，人们的身边发生着不同的事。一些重大事件成为长江历史中的重要标志。1983年，在长江三峡的西陵峡外，一场盛大的庆典活动被纪录下来。这一年，人们在长江上建成了第一个巨大的水利工程——葛洲坝。

20多年后，在距离葛洲坝不远的长江三峡中，人们开始告别即将被淹没的家园，一个世界上最大的水利枢纽工程正在这里进行。多达百余万的移民们将要离开他们世代生活的家园。今天，世界水利史上又增添了一个新的名词——三峡大坝。这座大坝给长江带来的不仅是山河巨变，更是一个民族的百年梦想变成了现实。

这个长江历史上最为宏大的文明壮举，带来中国人对长江文明源流的进一步探寻。14 年前，随着大坝的动工，世界上最大的考古工地也出现在三峡库区 600 多公里长的河段中。这是中国考古史上规模最大的一次行动。层出不穷的出土文物与长江流域的众多考古发现默默呼应，成为古老长江神秘拼图中的重要环节。我们可以像飞鸟一样俯瞰长江和它怀抱中的神奇山脉、广袤大地时，脚下的许多时空密码仍是陌生而未知的。我们为何生活在这里？很久以来即使是这样的问题，也充满层层疑惑。一些来自地下的偶然发现使我们对长江的过去，满怀好奇和虔诚之心。一个世纪以来，好奇心和敬意带来考古学家对长江流域的一次次考古发掘。依据近 20 多年来石破天惊的发现，我们已经可以把大河上的人类生息故事回溯到 2000 年、3000 年直至遥远的 7000 年前。相对于黄河而言，长江的先民也创造了令人难以想象的辉煌文明。在另一些时间里，他们曾这样生活，这些男人和女人曾经种植和收获过中国乃至亚洲最早的稻谷。最简单的原始材料被用于修造无与伦比的水利工程。青铜器和彩陶美玉来自它们主人对宗教的狂热和对精密工艺技术的掌握。山川日月、鱼蛇走兽使这些人的疑问充满想象力，信仰变得空灵而富于艺术精神。在河流的另一些地方，匠师们醉心于一种仪式般的体验，用清水和粮食酿出可以燃烧的液体。宗教、哲学、艺术、生活、战争、生存，这一切链接出长江先民曾被埋在土地下的一个个记忆片断。不少古老奇迹和生活仍然停留和流动在我们身边，它们同来自黑暗中的祖先秘密连缀着长江流域惊天动地的文明史。追溯使人相信，这条哺育自然万物的大江，也曾作为古老中国的文明之源而存在。

汹涌狂暴或静流入歌，多少年来，长江有着它截然不同的状态和表情，但在它的种种表象背后，却是无限的生机。和世界上的许多文明大河一样，长江在带来洪水和泥沙的同时，也带来肥沃的土地。此后，田野上的牧歌年复一年。我们追寻长江孕育万物和文明之谜，这来自它那天造地设般的生命系统，像人体的经脉与脏器。对于长江，它们是纵横交错的支流和星罗棋布的湖泊。与长江连接的湖泊包括中国最大的淡水湖洞庭湖、鄱阳湖、巢湖、太湖和洪泽湖，湖泊像肺叶一样通过经脉般的河流自如吞吐、存储、消涨着长江的水。这是多达 700 余条的支流、江湖相通和支流汇集的地方，产生出最早的鱼米之乡和人类居住所。居所日渐扩大，如同长江繁复的水系。不同的种族开始聚集，形成集镇、城市和国家，戏剧般的历史开始演绎。在已经过去的漫长的时光中，长江两岸平畴绿野、男耕女织、渔歌帆影北往南来。1982 年，《话说长江》摄制组在长江下游拍摄下这条古老的运河——京杭大运河。运河中繁忙的景象使人依稀看到被长江水浸润的那些古老故事。

20 多年后，世界上最大的水利工程“南水北调工程”正在进行。工程的东路干渠将沿用运河的故道修建，古运河再获新生。“南水北调工程”三条线路的水源来自长江的上游、中游和下游，这是人类水利史上的壮举。从此，长江开始浸润着中国南北。然而，在过去的千百年中，长江从未泄露天机。人们膜拜的这些仿佛来自天外的水，渗透于他们周而复始的生存历史。而它的来源，却一直被蒙上浓重的神秘色彩。为了寻找长江的来龙去脉，中国人在长江沿线默默探索了2000多年。1983年，亿万中国人从《话说长江》的影像中看到了悬念千古的长江源头。在此之前的1976年，中国科学家首次到达各拉丹冬雪山的巨大冰川中，一条大江的身世方才水落石出。1976年的发现，使长江的长度第一次得到确认。数年后，通过《话说长江》，人们第一次感受到这条长达6380公里的大河带来的心灵震撼。横贯中国的长江成为世界上第三大河。20多年前，曾创造中国电视收视奇迹的系列节目《话说长江》，将拍摄的脚步停留在长江的最后一条支流——黄埔江边。这是《话说长江》中的部分影像，除了真实的感叹，主持人还在20年前的时空中想象着长江的将来。20年前的那次纪录同时成为长江和中国历史上的重要标志。运用当时先进的胶片摄像机，拍摄者第一次为这条大河留下了有史以来最为翔实和完善的珍贵影像。这是历史中的瞬间，却是唯一的瞬间。数字成为这个瞬间最有力的表达方式。海拔5800米，行程半个中国，历时730余天，记录影像55000分钟。2004年8月1日，这是最初的数字，这一天，中央电视台开始了历史上规模最大的一次长江探源拍摄活动。这只是为长江举行的最初仪式，此后，万里行程成为心灵的膜拜。运用今天世界上最先进的高清影像设备，我们的视线穿越时间和大地，掠过城市和乡村随浩荡江水惊涛裂岸、水滴石穿。这是从一滴水开始的朝圣，正是这一滴水，开始了一条大江和我们的生命历程。

第十九集　美丽神奇的张家界

山因水而有灵性，水又因山而婀娜多姿。张家界人正是沿着流淌的溪水，走到长长的澧水，又从家乡的河水飘到了800里洞庭湖。在那里，他们才触摸到了那条奔腾在自己心里的长江。

澧水在湖南西北部山脉之中，蜿蜒穿行流进洞庭湖，成为长江的又一支水脉。澧水发源和流经的地方叫做张家界。

20年前《话说长江》热播时，人们并不知道长江的水脉之上，还有这样一片深藏在大山中的净土。张家界地处湘西，属武陵山脉支系，西南依靠在云贵高原的边缘，东西方向是广阔、平坦的洞庭湖平原，北边则与万里长江遥望衔接。特殊的地理位置，造就了张家界优异的生态环境。说到“界”，当然是指界限、范围，但张家界人讲起来，这“界”还有一层含义，那就是指高高的山。当中国名山大川几乎被人们踏遍时，张家界却“久在深闺人未识”，直到20世纪80年代初，人们才见到它的真面貌。

山中的一群人与张家界有着最紧密的联系，他们都姓张，就住在大山脚下。相传很早很早以前，张家界叫青岩山。据说，汉高祖刘邦平定天下后，滥杀功臣。心寒的留侯张良，隐匿江湖，几经辗转颠簸，来到了青岩山。他见到这里群山环抱，水量丰沛，民风淳朴，张良便隐居下来，修行学道，并留下张氏一脉子孙。青岩山也改名换姓，叫做“张家界”。张家界的山地落差很大，处在中国第二台阶与第三台阶的位置上。这个位置造就了完美的气候条件，那风、云、雨、雪都愿意在这里停留。他的名气早已传到张家界以外。他画的不是油画，也不是国画，而是取自于张家界山里的石头，石头研磨成的各色粉末，绘制成独具一格的砂岩石画。于是，一幅幅取之于自然，又再现自然的作品不断涌现。

李军声(砂岩石画家)：这是我在2002年创作的一张天门山画，这天门山是我们张家界之魂。因为我是土家族的儿子，也是张家界的儿子，更是天门山脚下普普通通的老百姓，我对天门山有深厚的感情。

李军声的作品中以“天门山”为题材的画，有七八幅之多。一个画家不厌其烦地勾勒着一座大山，这座山究竟有什么特殊的地方呢?

距张家界城区8千米的天门山，四面绝壁矗立，巍然支撑在天地之间。其雄其险，犹若直上云天。远眺过去，那孔巨大的石洞就像通天的石门。曾有人这样赞叹它：“人神相宜之绝域，一声惊叹天门山。”是什么力量造就了这宏伟奇特的景观？据考证，天门山经长期风化剥蚀、山体断裂，再加上地震，就形成了现在的奇绝造型。它是迄今为止世界上最大的穿山石洞，终年吞云吐雾，仙气缭绕。

有趣的是，天门山的景观中有许多数字与中国吉祥数字9相符，人为的奇思妙想与纯属巧合相得益彰。总之，天门山是进入张家界的一张名片。

登上天门洞的999级台阶，回看山腰上的“通天大道”，顺山势修建的公路刚好有99个弯，暗合了“天有九重，云有九霄”之意。通天大道全长10.77千米，就在这么短的距离里，它的海拔却从200米急剧提升到了1300米，堪称“天下第一公路奇观”。

数不尽的石柱、石峰，是举世罕见的石英砂岩山体。按地质学的说法，张家界地处云贵高原隆起区与洞庭湖沉降区之间，既受到隆起的影响，也受到沉降的牵制，加上喀斯特岩溶地质极其发达，地表流水切割强烈，形成了这种高低悬殊、奇峰林立交错的地貌。

原始的地质风貌是长江流域唯一的，也是保存最完好的。对于外界的人来说，张家界有难以描绘的神奇和美丽。那么，大自然是如何造就了这里的奇峰异石呢?

大约在3.8亿年前，这里是一片汪洋，大量海洋生物的遗体化为尘土、凝结成岩石，沉积为大约520米厚的石英砂岩。随着地球的旋转、地壳的运动，张家界终于以它峥嵘的面貌，浮出了海面……曾经沧海，张家界以沉积岩石的形态遗留下来，一层层的纹理，便是海浪不断淘洗石英砂砾和生物残骸的痕迹。裸露的断裂的石英砂岩在大自然的妙手下开始了亿万年的塑造。在重力的作用下台地变为峡谷。流水、洪水、风霜、雨雪从不同方向，以不同力度镌刻着山体与石壁。于是，大自然的丹青妙手，终于雕塑出这方鬼斧神工的神话之山。

从鷂子寨的山峰往下俯瞰，山谷间有一条溪水，水流不大。在满山遍野的绿色中，它宛如一条白练穿梭其间。这水和一座峰，相依在一起，走过共生共荣的岁月，它们有一个共同的名字叫“金鞭”，峰叫金鞭峰，溪叫金鞭溪。金鞭溪两岸古木参天，林荫蔽日。有诗人这样吟诵：“清清流水清清山，山入画屏人如仙。仙人若在画中走，一步一望一重天。”说起半个世纪前的金鞭溪，当地的老百姓形容这里是“高山水冷石头多，不是过溪就爬坡”的穷山恶水。一位老人每年都要来金鞭溪，看望40多年前他亲手栽下的第一棵树。

刘开林（原张家界国营林场场长）：这棵树是1959年的下半年才种到这地方，就这么高，才到这儿，你看现在，我这次上来一看，已经长得这么大了。

47年前，30岁的刘开林来到荒无人烟的金鞭溪，担任了张家界林场场长，创造出一个鲜为人知的新神话。当年，90多名职工在刘开林的带领下，封山育林5300公顷，使张家界林场森林覆盖面积由原来的20%达到90%。如今张家界已成为国内外闻名的旅游胜地。可是20年前，很少有人知道张家界。20世纪80年代初，吴冠中先生来湘西写生，眼前的一切使这位游历过祖国名山大川的丹青妙手异常兴奋，随手写下“养在深闺人未识”的游记，游记中说：“峰峦陡起，绿树叠翠，疑是到了桃花源洞口……我被引进了奇异幽深的世界。”此言一出，前来“探幽”、“寻美”的人与日俱增，从此张家界名扬海外。当年，那些曾誓言“绿了青山白了头”的人，已经永远融入张家界的青山绿水中。今天来金鞭溪的旅游者，很少有人知道过去那段往事，他们更不会知道这位普普通通的老人，就是造就金鞭溪美景的有功之臣。

张家界融“峰、林、洞、湖、瀑”于一身，成为地质地貌的经典。在看山之中看水，张家界有奇峰三千，又有秀水八百。流泉飞瀑在峰峦幽谷中穿行，犹如八百银线将三千峰林穿缀在一起，如果说山峰是张家界的形，那么缠绕山峰的流水就是张家界的魂。

在青山绿水间有一片被人们称为明珠的湖泊——宝峰湖。宝峰湖以前是个水库，最深的地方可达百米。山围出了一片湖泊，湖里的水皆为高山上的泉水一点一滴积蓄而成。真是神奇之水天上来，是天上的水抖落出了这群峰之间的一颗明珠。

张家界有“扩大的盆景，缩小的仙境，巨大的园林”之美誉，景区有天子山、黄石寨、袁家界、金鞭溪等300多个景点，你能想象得到吗？就在这些巨大的山峰底下还有另一个神奇的世界。

黄龙洞是典型的喀斯特地貌溶洞，这样的洞在张家界的地底下不知有多少个，它的形成应当用千万年或几亿年的时间来计算。黄龙洞中的“大哥大”当属“定海神针”，它高20.7米，已生长了20万年。目前顶部与洞顶的距离相差6米，就是这6米的距离却需要长长的6万年的光阴才能衔接。洞外的三千峰大致可以数清楚，但洞内这根根直立和悬挂的石笋到底有多少恐怕谁也数不清楚。这些石笋在形成的过程中，水起了重要作用。水，好比是岩体的血液，由洞中下悬的石笋滴下，滋生了上立的石笋，水中丰富的碳酸钙滞留在石笋上，使其慢慢长高，最后融为一体。水是完成这一过程的高手。

土家族只有语言，没有文字，但其先祖们古时出征的“蛮歌”却被一代代传唱下来，并形成了口头文字与音乐相结合的“桑植民歌”。在张家界无论你走到哪里，随处可以听到土家族姑娘的歌声。这也是山歌，但这不是桑植的古老传唱，更不是唱给人听的，而是唱给猴子听的。唱猴歌的人是远近闻名的“猴王”，“猴王”叫吴玉才。从小就生活在张家界的大山里，他祖上六代人，都是以捕猎为生。吴玉才能与猴对话，能唱“猴歌”，这套“技能”源于他的捕猎生涯。为了能诱捕到山中的猴子，他很早就学会和山中的猴子交流。

吴玉才(张家界国家森林公园管理员)：我家祖传的是打猎捉猴子技艺。成立了农业社以后，干完活就到山上捉猴子。每个月只搞一次，卖5块钱一只，那是小的，大的卖8块，或16块。

20世纪80年代初，张家界成为国家级森林公园。靠诱捕猴子维持生计的吴玉才的生活也悄然发生了变化。他放弃了捕猎“旧业”，转而担任了张家界森林管理局的管理员。专门负责喂养林中的猴子，在他的喂养下，天子山一带的群猴也有了自己的家。每到下午他都会对着大山唱起只有猴子才能听懂的猴歌，猴歌的内容极为丰富，现在他唱起的歌是呼唤跑到大山深处玩耍不归的猴回来吃饭，听到吃饭的歌声，猴群回来了。

“猴王”吴玉才喂养的猴子，叫猕猴，又叫黄猴，它们适应性好，生命力强，过着群居的生活。猕猴几十只或几百只一群，每一群都有自己的领地，别的猴群是不可侵犯的。吴玉才与猴子建立了很深的“交情”，上百只猴子，每只猴子的习性他都了如指掌，怪不得人们都尊称他为“猴王”。

张家界地形多样，气候差异明显，“一山有四季，十里不同天”是最好的写照。秋天是张家界最美的季节。到了这个时节，天公擎起一只妙笔，让整整绿了一个夏季的大山换了一套绚丽的新装。张家界的冬天并不寒冷，若赶上有雪降临，不管雪的大小，山中呈现出一幅淡淡的水墨画。雪凝聚在枯枝古树上，堆积在山峰顶上，与陡峭山体形成颜色上的强烈反差。让人不由得想起两句古诗：“春来苔作叶，冬至雪为花。”

古老的水车日夜流转着，将生生不息的河水送到碧绿的农田里。临水的土家人对大自然的依恋显示出农耕时代的一种古朴。土家族的起源，有多种说法并存。有一种说法是上古时期巴人生活在长江三峡的清江流域，因环境恶劣，就沿着长江向东迁徙到武陵山区一带，与生活在这里的土著人融合，形成最早的土家先民。

王家坪村的土家族村民龚中傲，今年已60多岁。每天重复着相同的日出而作，日落而息的生活。在王家坪村他也算是富裕户。去年，在深圳打工的儿子寄回了两万元，龚中傲用这笔钱翻新了世代居住的吊脚楼。

吊脚楼是一种古老的建筑形式，旧称"干栏"、"阁栏"、"廊栏"……张家界山多田少，民居择地，为了适应山坡地形，吊脚楼形式便成为首选。以吊脚楼为代表的建筑，是土家人在长期的生活中形成的一种本土建筑样式。吊脚楼大都是木板房，整体的房屋靠几根木柱支撑。吊脚楼一般都背靠山峦，面朝开阔地，临水的那边大都有狭窄的走廊，既是为了观景，也是为了乘凉。远远看去与所处的景色极为和谐。经几代人的创造建设，形成今日集空间美、层次美、轮廓美为一体的吊脚楼群。

张家界也是鸟的世界。由于这几年人们对自然环境的保护，各种鸟类也把这里作为自己的家园，它们成群结队栖息在密林之中。鸟，从来就是土家族文化所表现的内容，以西兰卡普为代表的纺织制品，体现着土家文化独具的魅力。

织锦是土家族人延续祖先的传统工艺，挑花、绣花也是土家妇女杰出的工艺制作。图案强调分组对称，从最初的花、鸟、树、虫的单一图案逐渐发展成比较复杂的花式，寓意中处处渗透出土家人对自然和美的理解。

因张家界水源充沛，这里的人们在吃穿住用等生活中，有了水文化的显著特质。水是文化的使者，土家人居住的村落，水文化像澧水那样源远流长。张家界是地球留给我们的一个珍贵的纪念物，因为它显示了大自然的最原始的美丽。在喧嚣的今天，能有一个回归大自然的去处，这便是我们拥有的最宝贵财富。

山因水而有灵性，水又因山而婀娜多姿。张家界人正是沿着流淌的溪水，走到长长的澧水，又从家乡的河水飘到了800里洞庭湖。在那里，他们才触摸到了那条奔腾在自己心里的长江。

第三十集　时速上海

没有天哪有地，没有地哪有家，没有家哪有你，没有你哪有我……所有的因果关系，都融化在新天地缤纷的光影中。

上海是位于长江最下游的百年都市，也是中国最早设立海关的城市之一。在海关大楼工作的魏云寺，每周的二、四、六，都要上楼顶给大钟上弦，从1993年至今从没间断过。魏云寺听他的师傅说，过去给大钟上弦全靠人工，每次要三四个人用手柄把重达两吨的钟锤绞起来，20世纪50年代改装马达以后，一个人操作就可以了。

海关大楼一直是上海外滩的标志性建筑，海关大楼的钟声，从第一次敲响到现在，已经110多年了。钟声伴随着上海人一个多世纪的生活和这座城市的变迁，黄浦江边那些被喻为万国建筑博览会的楼群，在日复一日、年复一年的海关钟声里留下了岁月的痕迹。

有段珍贵的胶片让我们看到了在世界电影诞生3年之后1898年的外滩，它是由发明了电影放映机的美国人爱迪生的公司拍摄的。

最早的江海北关建于1857年，1893年竣工的第二代江海北关大楼由英国人设计，已经带有钟楼。1927年，国民政府建造了第三代海关大楼，花2000两白银在英国制作的大钟是当时的亚洲第一钟，它的分针长3.6米，4个钟面直径达5.3米。

1949年以后，海关大楼仍然是上海海关的办公地点。虽然大楼依旧，楼顶的大钟却几经变故。当年大楼建好的时候，报时的前奏曲是英国“威斯敏斯特教堂的钟声”，“文革”期间，钟面改成向日葵，前奏曲也换成“东方红”。在20年前《话说长江》拍摄的镜头里，晨练的老人伴着钟声的节拍，动作整齐而缓慢，他们相近的着装使外滩看上去一片蓝灰色调，只有穿红色运动衣的女孩格外醒目。1984年，报时的前奏曲改回英国曲子，钟面也恢复原貌。直到1997年香港回归，前奏曲再一次换成“东方红”。

几度更替的钟声里，外滩建筑的功能也在转换。1923年建成的英国汇丰银行大楼与海关大楼相邻。1955年上海市政府迁入这里，外滩开始成为上海的政治中心。

1995年，上海市政府搬到位于人民广场的新楼，上海浦东发展银行成为这座大楼的主人。据说当年大楼的造价相当于外滩所有建筑造价总和的一半，被英国人称为苏伊士运河到白令海峡间最华贵的建筑。

浦东发展银行工作人员：1996年，我们银行买下了这座大楼。在1998年装修的时候，工人爬到上面去，看到这个墙上有裂缝，轻轻一敲，裂缝下边露出一些色彩很鲜艳的小块。后来我们就叫这些工人先不要再施工了，然后去找原来的图纸。当时中国国内已经没有这个图纸，派人到伦敦大英博物馆找到原来的图纸，知道下面有很多壁画。后来非常小心地把石膏剥落下来，保存非常好的壁画就呈现在人们的面前。大厅穹顶8幅用彩色马赛克组成的壁画，内容是英国汇丰银行当年在伦敦、纽约、巴黎、东京、香港、上海等8大城市分行的建筑与背景。这些城市多为当时世界上的国际金融中心。壁画被遮盖的原因有多种传说，从上海档案局得到的信息是，上海市政府当年进驻大楼时，有人觉得殖民气息太浓准备将壁画拆除，后来又改用石膏覆盖。

当年云集上海滩的冒险家们，还在浦江西岸的其他地段盖了许多花园洋房，这些房子体现了西方不同国家的建筑风格，与外滩的万国建筑群形成呼应，住在这里的都是上海的富人。

石库门是上海最典型的民居。从1843年到1949年初，上海的人口从20多万增加到546万。这种石库门住宅满足了上海市民快速增长的居住需求。石库门因采用石条作门框而得名，它在建筑布局上很像一个丰收的“丰”字。石库门房子大都建造在当时由英、法等西方列强管辖的租界内，价格比花园洋房便宜很多，因而发展很快，最多时占全上海住宅面积的六成以上。石库门早期的居住环境是宽松舒适的，楼上楼下通常是一户人家。后来逐渐拥挤起来，一套房子要住七八户。多年生活在这样的环境里，邻里之间形成一种特殊的关系，既相互关照、和睦相处，又要分清你我、保护自己的利益。在多家共用的厨房里，家家有各自的水表、电表和电灯开关。做饭的时候，不管别人家灯是否亮着，自家的电灯是一定要打开的。

20世纪七八十年代，上海有3/4的居民住在石库门住宅，很多人家三四代人生活在一间屋子里。家中没有私密性，年轻人谈情说爱只好到外面去寻找空间。外滩的防汛墙成为情侣们互诉衷情的地方，到这里谈恋爱的人越来越多。久而久之，这道墙被叫做“情人墙”。“情人墙”向西不远是南京路。南京路最早叫花园弄，后来又俗称“大马路”。1865年定名为南京路。四座建于20世纪初的大楼，是先施、永安、大新和新新四大百货公司的旧址。当年它们开创了中国百货零售业的先河。1998年，南京路进行了开街150年来规模最大的改造，建成了1033米的全天候步行商业街。汇集了324家商业网点，其中有113家是中华老字号。2004年，南京路上1918年开张的永安百货公司恢复原来的名称，此前它的名字是华联商厦。公司大楼也恢复了原貌，窗前的水泥墙被凿掉，露出了1918年安装的铸铁栏杆。外貌的复原体现了商家的开放意识和对传统商业文化的尊重。上午9点以后，南京路就会热闹起来。这里的日客流量80万左右，节日期间达到200万。亨得利钟表公司是一家老字号，店里的商品也经历了上海的变化。

孟真(上海亨得利钟表店经理)：我这里有样产品，就是上海20世纪70年代出的，上海牌鼎盛时间的产品7120型手表。那时候零售价是125块，那是全钢、防震、防水、防磁的三防手表。当时都要凭票供应，为了分到一张票，几百人甚至几千人才能轮到一个。当时上海的四大件都是凭票供应的。

“四大件”是手表、收音机、自行车和缝纫机，20年前，它的几大名牌都产自上海。然而上海人的家里要添置一件同样不容易，大多数人要靠平时省吃俭用才能攒够钞票。

3年前上海市档案馆收藏了一套上海普通市民的家庭账本。这套账本一共有45本，从1957年11月记起，到2002年底一直没有间断。账本的主人是嘉定区的一对老夫妇，男主人叫季颖，退休前是嘉定卫生学校的校长，夫人李惠英曾经做过财务工作。近半个世纪以来，他们每天生活中一件重要的事情就是记账。

李惠英(上海居民)：这个月收入多少，他的工资多少，我的工资多少，一共余出来多少，还有卖点废品，什么稿费、奖金都要记。实用、开销，买什么都记，买五分钱一支雪糕都要记，一年一年这样记，一直记到现在，48年。

季颖和李惠英结婚两年后开始记账，他们过日子精打细算，账就这样一直记下来。老两口没有想到，一本家庭收支账，成为上海市民生活变化的印证。从账本里可以看到，1980年夫妇俩全年的总收入是2685.04元，而到了2002年，虽然两人都已退休，全年总收入仍然达到47658.3元，比22年前提高了17.75倍。老两口无偿捐赠账本的时候，档案馆为他们复印了一套。两个人商量好，在有生之年要把这本账一直记下去，如果有机会还要申请一项世界吉尼斯纪录。

近年来，在上海市民的开销中，住房支出不断加大。人们居住的条件也不断改善。建于1930年的陕西路步高里小区，是列入上海市文物保护名单的石库门建筑。按照市政府的统一安排，正在得到修缮。

卢桂萍(步高里居民)：一户门要贴3000块，我们一户交100块，假如一共有4家人家，只要拿出400块，国家拿出3000块。

从20世纪80年代后期开始，上海在城市改造过程中通过多种方式改善市民的居住条件。一些有代表性和人文色彩较强的石库门住宅得到修复保留；大部分过于破旧，保留价值不大的石库门建筑，陆续被一些现代化建筑取代。在新开发的区域，各式各样的住宅小区吸纳着大批从老城区搬来的住户。

一个星期天的下午，钱星耀夫妇来到乔迁不久的儿子家作客。他们的儿子钱颂村，曾经留学日本，回到上海后开办了一家公司。他放弃了“宁要浦西一张床，不要浦东一间房的”旧观念，在浦东购置了一套150平方米的跃层公寓。

钱颂村(上海居民)：我们这个小区有两部分建筑群：一个是高层的，还有一部分就是叠加式的别墅，叠加式的别墅有4层的、7层的、9层的，这样有一个层次感。具体地理位置就在南浦大桥的下边，我的右边是杨高南路，我的前面是龙阳路，进出很方便，到浦西也很方便。

1998年至2002年，上海市改造旧城区1500万平方米，开发商品房8000万平方米，这个数目等于上海所有商品房面积的20%。20年前，上海只有一幢超过100米的高楼，如今300多座摩天大楼和高架路、立交桥展示了一个年轻的上海。上海的城市基础建设经历了3个阶段：起初是政府向银行借贷；后来是批租土地筹资；现在是融集社会资金。充满活力的经济和市场化运作的机制成为这座城市改造建设的源头活水。2005年，上海市完成城市基础建设投资885.74亿元。巨大的投入使上海一年比一年更加精彩靓丽。

外滩的情人墙在1993年改造成观景台，在这里，每天有20万游客凭栏眺望浦江两岸的迷人景色，感受精彩上海特有的风情。

2000年，位于黄浦江畔的上海城市发展历史陈列馆正式开放。每一件伴随过上海历史的展品，都是这座城市难忘的记忆。

上海在1959年就生产出第一辆凤凰牌轿车，20世纪70年代更名为上海牌，它是中国老百姓最早乘坐的国产轿车。上海生产的轿车进入百姓的家庭是从20年前桑塔纳轿车开始的，它是中国最早与国外企业合资生产的汽车品牌，生产出的系列轿车已超过了100万辆。

环保节能的氢燃料电池汽车是国际汽车制造技术的制高点，2006年初，上海同济大学研制的10辆“超越3号”氢燃料电池汽车的样车开始示范运行。1995年投入运营的上海地铁，通车里程已达123千米，成为全国之最。2002年上海开通了世界上第一列商运磁悬浮列车。坐在每小时行进430千米的车厢里，上海人又可以领先全国，甚至领先世界感受这座高速发展的现代都市处处洋溢着的前卫与时尚。

建于1907年的外白渡桥和1934年竣工的百老汇大厦都是当年苏州河畔的时尚建筑。百老汇大厦就是现在的上海大厦。在苏州河两岸，曾经有过许多年龄与它相仿的工厂厂房，现在都被新建的住宅小区取代了。只有在河南岸的莫干山路50号，还能看到一片陈旧的房子，它们是从20世纪30年代起陆续建造的，是当时的信和纱厂、后来的春明粗纺厂的厂房。

墙上的《朝元图》是按原作尺寸临摹的山西永乐宫元代壁画，永乐宫壁画是已经发现的中国古代最大的壁画。辽宁画家张明楼花十年心血临摹了这幅高4.26米、长65米的壁画，却一直没有展示的地方。一个朋友建议他到上海看看。

张明楼(画家)：也是在一个偶然的机会，他们说莫干山路有一块地方，里面已经聚集了几个画家。我说我的画太大了，恐怕会放不下，我来了以后发现莫干山路有一个非常大的库房，就是这个库房。

张明楼来到这里时，有70年历史的春明粗纺厂刚刚转型为艺术产业园。园区给他提供了十分优惠的条件，巨幅画作终于有了容身之地。艺术园区的4万平方米老厂房和仓库，在产业结构调整中，作为苏州河边唯一的工业建筑遗存被保留下来。来自10多个国家的100多位艺术家连同他们的公司在这里落户。

上海市1988年开始治理苏州河：工厂和码头被迁走了，生活废水被送入污水处理厂，市区河段的上游和下游设置了拦污闸门……风景优美的苏州河，再度成为市民休闲娱乐的地方。

20年前《话说长江》拍摄的上海人民广场，一百年前这里曾经是远东最大的跑马场。1949年以后，广场成为上海市组织游行集会的地方，它的总面积14万平方米，可容纳120万人。从1988年起，上海市开始了广场的改造。改造后的广场成为上海的文化中心，它像一个橱窗，展示着上海的历史、现实和未来。改造过程中，为了完好保留历史文化建筑，建于1930年、5650吨重的上海音乐厅被整体平移了66.4米。2001年7月，在距离人民广场两千米的淮海路南侧，一个新锐、时尚、繁华的商业区开业，成为上海的新地标，它的名字叫新天地。

新天地一号是开发商香港瑞安集团的会所，这幢4层的楼房建于20世纪初，外型是公馆式建筑，内部有许多中式建筑的特征，在上海现存房屋中已不多见。改造前这里曾住着四十几户人家，瑞安集团在太平桥项目开工之初，对它作了一番修旧如旧的复原。

太平桥地处上海卢湾区，是邻近淮海路的一片居民住宅，占地52公顷。1996年，香港瑞安集团受卢湾区政府的委托，对太平桥地区进行改造。在改造现场，董事长罗康瑞看到的是建于20世纪初、已经破旧不堪的石库门建筑。拆除还是修复，是罗康瑞苦苦思索的问题。这片建筑中坐落着中共一大会址，所以新建筑的高度受到限制。

罗康瑞最后决定：将一大会址周边的3万平方米石库门建筑进行外部修复整容和内部设施更新。为此需要投入资金14个亿，数额远远高于推倒重盖。罗康瑞没想到，改造后取名新天地的石库门建筑，成为知名商家抢手的楼盘。台湾琉璃工房开设的餐吧成为最早的住户。

张毅（琉璃工房）：我想新天地有特殊的意义，对很多人来说，也许只看到一个老屋子、石库门的改建，可是对琉璃工房来说，我们希望看到的是，它是过去与现代的一个错综复杂的、交互的、新的结合，我们几乎是第一个希望进到新天地来的客户，其实说选择新天地不如说我们选择上海。

新天地虽然只租不售，太平桥改造项目的其他楼盘却销售火爆。“企业天地”住进了10家世界500强企业，来上海打造天地的人们愿意靠近五光十色的“新天地”。

罗康瑞（香港瑞安集团董事长）：因为一大会址在这边，我想“一”加“大”就是“天”，这是一个新的天地，名字就这样叫起来了。

没有天哪有地，没有地哪有家，没有家哪有你，没有你哪有我……所有的因果关系，都融化在新天地缤纷的光影中。有人把新天地比作上海的一块琉璃，因为它折射了全世界的光，而距离它最近的一盏灯，就在身后这幢宁静的房子里。85年前，13个年轻人走进望志路106号这扇小门，聚首在这盏灯下，成立了一个组织——中国共产党，他们相信从这个石库门透出的光，会照亮一片新的天地。

第三十三集　生生不息

20年，对长江只是一个瞬间，对中国却是一个时代，一个创造奇迹的时代：世界上最长的高原铁路、世界上最大的水利枢纽工程、重庆直辖、浦东开发。从20年前开始的转折改变了城市、改变了乡村、改变了生活、改变了观念。

在一段20年前的影像中，我们看到在波峰浪谷间，一群年轻人用一种前所未有的方式释放着对母亲河长江的情感。在经历了江源800千米无人区的艰苦磨难，金沙江急流险滩的击水搏浪，虎跳峡的生死抉择后，他们用热血和生命为长江留下了一段荡气回肠的记忆。这一年是1986年，《话说长江》播出后的第三年。

漂流者的激情来自那个年代，浪漫、火热的20世纪80年代。这个处在巨变之初的年代，成为无数中国人光荣与梦想的起点。从那时开始，中国用20年的时间走完了近百年的发展历程。

那是一群来自各行各业的年轻人，他们没有漂流经验、没有专业设备。他们要去完成的是万里长江上的第一次漂流。

杨欣，来自金沙江畔的漂流队员。当他被选中进入密封仓突破虎跳峡时，已经有8名队友在这里牺牲。

在几分钟里，杨欣用生命对话亿万年的长江。这位23岁的年轻人第一次真正感悟了这条他原本十分熟悉的大江。

1986年9月19日下午3点，杨欣和另一名队友钻出了密封仓。2个多月后，漂流队抵达长江入海口。以10条生命为代价，人类完成了历史上第一次长江漂流活动。

漂流结束后，杨欣重新回到了长江源头，在中华民族母亲河起步的地方，面对着生生不息的大江源流，杨欣内心深处的使命感被激发。从此，他留在了这里，成了保护长江源的第一批志愿者。

这一留，就是20年。在那一张张充满时尚和活力的面孔的背后是长江20年巨变孕育的新的生活。

20年，对长江只是一个瞬间，对中国却是一个时代，一个创造奇迹的时代：世界上最长的高原铁路、世界上最大的水利枢纽工程、重庆直辖、浦东开发。从20年前开始的转折改变了城市、改变了乡村、改变了生活、改变了观念。

每一个中国人都成为这场社会变迁的亲历者。

200万年前，人类出现在长江流域。从那时起，先民们依偎着这条大河生生不息。仿佛是一份厚重的礼物，流淌在天地间的长江泽披万里。土地、粮食，滔滔江水年复一年地为人们带来了生活的各种需要。

在《话说长江》的影像里，一个个火热的场景被记录下来，它们是20年来中国发展、变迁的时代印记：

茂密的森林是建设者眼中的栋梁；林立的烟囱是高速发展的标志；鱼跃歌飞的场景是丰收的喜悦；大片的湿地更是成了耕种最好的选择。

这是母亲河20年的给予，长江流域以不到中国1/5的面积养育了中国1/3的人口，生产了中国1/3的粮食，创造了中国1/3的财富。长江三角洲成为世界上正在形成的第六大城市群，长江经济带更是中国最宽广、最有发展潜力的经济带。

1998年，一场洪水席卷了长江流域，突如其来的灾害冲破了大部分堤防设施，造成了有史以来最大的经济损失。水覆盖下的土地曾经是湖泊和湿地，它们都是天然的泄洪区。

“98”洪水退去后的第6年，“江湖连通”工程在长江中游的武汉动工了。对长江来说，这是一个起点。从这里开始，人们要把一部分土地还给湖泊，还给长江。

东湖，中国最大的城市湖，它和大大小小一百多个湖泊让武汉有了“百湖之市”的美称。这些湖泊原来大多与长江、汉江相通，它们就像江河的肺叶一样调蓄水位，吸收洪水或者补充水量。

慢慢的，越来越多的人在这里生活，湖泊变成了鱼塘、耕地、房屋和城市。“百湖之市”周围星罗棋布的湖泊今天只剩下20多个。东湖，也镶嵌在林立的高楼之中。

1998年洪水来到时，失去泄洪通道的长江中游江汉平原一带，就成了受灾最严重的地区。

“江湖连通”工程在湖泊和长江之间留下一段段人工河道，这是人和自然对话的桥梁。就像分别已久的伴侣重新携手，湖泊里的水在数十年后重新流回了长江。

“上善若水”，这是水流的声音，这是天籁的声音。

苍茫天地间，水是万物的成因，一切均由水产生，最后还原于水。这种晶莹剔透的物质有着望不到边的玄机和奇妙。

长江，拥有中国40%的淡水资源，对一个民族来说，它是赖以生存的命脉。

2005年4月16日，中国所有和长江有关的专家和管理者都齐聚武汉。

这是一次以“如何在发展中保护长江”为命题的论坛，一份有关长江健康体征的指标诞生了。一个个数据明确地把什么是健康的长江揭示出来。对有亿万年生命的长江来说，这是有史以来的第一次。

长江水资源总量巨大，但时空分布不均：干流水质总体良好，但局部污染严重，整体有恶化趋势；生物多样性丰富，但局部破坏严重，鱼类生物多样性保护任务艰巨，等等，等等。这是数字背后的长江，是20年来创造了发展奇迹的长江。

大家把世界上唯一一条人工饲养成功的白鳍豚叫淇淇。淇淇的一生在中科院水生所的水池中度过，长江里，由于生存环境的不断恶化，它的同类基本灭绝。

2002年，淇淇离开这个世界，它也许是人类最后看到的白鳍豚。水生所博物馆的展厅里，淇淇成了一个标本，用这种方式，它和我们不再分离。

水生所的标本室里，陈列着长江流域已知的300多种鱼类标本。它们中的一些，已经逐渐消失在人们的视野中。

这是一条各种生命组成的大江，飞禽走兽，花鸟虫鱼。亿万年来，演变、进化、消亡，自然用自己的法则主宰着万物生灵。直到今天，人类都无法预计物种非正常消亡的后果。消失的长江生命会带来什么样的影响，无法估量。

2005年4月，洞庭湖休渔的季节。宁静的晨曦中，洞庭水殖股份公司总经理罗祖亮和员工一起把500万尾优质鱼苗投放到了洞庭湖。这样的活动每年一次，已有3年。

在儿时的记忆里，罗祖亮眼中的洞庭湖鱼虾满仓。年复一年的过渡捕捞如今已经造成湖里近3%的鱼类灭绝、10%的鱼类濒危。

被投放的一尾尾鱼苗带着人们的希望和恢复种群的使命开始生命的历程。这是人类对自己行为的一种补偿。

相距1000多千米的长江下游，河豚养殖户郑金良正把自己繁殖的河豚鱼苗打包，准备投放长江。

郑金良(江阴河豚养殖户)：小时候，这种鱼不值钱，是长江里面最多的一种鱼。从2000年就几乎没有了，长江里的河豚价格最高的时候，种鱼是6.5万两条。

每年一次，郑金良都会往长江里投放160多万尾河豚鱼苗。

投放鱼苗的第四年，郑金良在长江里发现了自己过去投放的河豚，在生生不息的江水里，它们已经长大，有了自己的族群。

郑金良：开始的时候我就这样讲，一旦繁殖成功一定要放入长江，不要说给社会做贡献，保守一点说，就算为我自己的子孙后代留点东西。

在狭长水槽里游动的鱼，虽然没有舒适的生活环境，却肩负着神圣的使命。水槽位于炼钢车间的出水口，水源来自于生产排放的废水。这是江阴兴澄特钢有限公司炼钢车间内独有的一道风景。作为生活在水中的生物，鱼类对水质的变化最为敏感。代表着人类，鱼儿监督着炼钢车间水处理、排放的质量。

2000年，兴澄公司总经理俞亚朋考察了位于德国莱茵河畔的巴顿钢厂。德国同行对莱茵河的行为深深触动了他，对母亲河产生了发自内心的关爱。

俞亚朋(江阴兴澄特钢有限公司总经理)：我去看了以后他们告诉我，炼钢的循环水处理以后可以达到饮用水的标准，那我就问你有没有多余的水排放呢？他说有的时候也有。那我就问你就这样排放吗？他说不行，他说还要等温度降低了以后才能排。我问为什么？他告诉我说鱼儿受不了。就这一句话使我非常震惊。

回国后，俞亚朋关闭了每年带来巨额收益但污染严重的老厂，在长江边的新厂区里，一套世界上最先进的水处理设备日夜工作。废水经过鱼儿的检验后，才能排入长江。

莱茵河，欧洲第三大河，全流域覆盖了9个国家。20世纪50年代末期，莱茵河水质开始变坏。70年代，莱茵河被称为“欧洲最浪漫的臭水沟”，河里的鱼类几乎完全消失。这20年正是欧洲战后经济发展最快的工业时代！创造了巨大财富的莱茵河，也付出了惊人的代价。

面对渐渐失去活力的母亲河，莱茵河畔的居民开始反思自己，他们愧对这条自然和历史同样厚重的大河。从那时起，莱茵河的子民开始改变从前的习惯和观念、精心呵护着自己的母亲河。30年过去了，莱茵河水质在慢慢地恢复着，但要完全回到从前还需要更长的时间。

长江水利委员会的老楼前树立着一座雕像，他就是这里的创办者——林一山。

蔡其华，水利部长江水利委员会第五任主任。相隔20年，两代对长江有着共同情感的长江水利人，却有着不同的治江思路。人水和谐相处、保持长江的健康活力是蔡其华面对的新的课题。

这是一项巨大的挑战，时时刻刻了解长江的健康状况、测量长江的体征数据、寻找保护长江的办法，这些就是蔡其华每天重要的工作内容。

蔡其华（水利部长江水利委员会主任）：应该说是一种价值观的转变，我们提健康长江，不仅看重眼前的利益，更注重长远的利益；不仅看重人类当代的既得利益，更看重大自然长远的为人类造福的追求。

从空中鸟瞰长江源头，如发辫甩开的水系，就像喷张的血管，生机无限。在长江入海口，水流会在最新形成的土地上留下一道道沟痕。在它的两端，长江无尽相似，这是生命的足迹。

从青藏高原各拉丹冬雪山的姜根迪如冰川开始，长江经过 6380 千米的里程、5400 多米的跌宕，一路汇集几十条大河，从西到东横贯中国，成为孕育伟大民族的生命之河。

这是亚洲最大的人工湖——丹江口水库。从这里开始，向南流淌了亿万年的汉江地理定势就此改变，这就是南水北调工程的中线所在。当黄河渐渐失去活力的时候，一项世界上最大的水利工程就此展开。从长江的上游、中游、下游 3 个水源地引水，南水北调工程将让长江之水流入黄河古道、滋润着大半个中国。

长江源头第一所小学沱沱河小学的学生们每周一次的课外活动，和同龄人相比，这里的孩子们更多了一份成熟和责任。他们的脚下，就是长江的源头净土。每年春天，崇明岛陈家镇中心小学的孩子都会到临近海边的土地上植树。长江最后一所小学的孩子们在大江入海前，为它种下了最后一抹绿色。这是长江边常见的景象，其中的欢乐只有江边人才能体会，这份幸福是长江的恩赐。

武汉市民：今天水温 8 度，气温最低是零下 2 度；生活在长江边这么好的水域，是我最大的幸福；我曾经骑自行车 2002 年到格尔木，走过沱沱河，在长江的最上游我也游过一次泳；在长江里游了泳，到任何的河里游泳都不怕；我们在长江的怀抱里感受母亲河的关怀，我们感到无比的幸福。

这是一幅完整的长江水系图。行走在大地上的江河网络宛如人体的经络，水，就是它流淌的气血。经络、血管支撑着认知和情感，长江，同样具有生命。用生命呵护生命，这是江水孕育的中华民族对母亲河的新的情感和认知。

十几年来，卓玛每天都会到这里为长江祈福，她的脚下是长江流经的第一块湿地。卓玛希望和她共饮一江水的人们都能掬起从雪山流下的源头净水。带着长江子民的祝福，水就这样流经万里，奔向大海。

【任务拓展】

一、自选教材中的例稿进行缩编，策划一期专稿播音节目，播音、制作成专稿播音节目成品。

二、策划一期专稿播音节目，可自选稿件、素材进行编辑，或自选题材采访撰稿，并播音、制作成完整的专稿播音节目成品。

【评价方法】

新闻专稿播音单元综合训练考核表

<table>
<tr><th rowspan="2">考核模块</th><th rowspan="2">考核内容</th><th rowspan="2">考核方式</th><th rowspan="2">考　核　点</th><th rowspan="2">分值</th><th colspan="4">评　分　标　准</th></tr>
<tr><th>优
90～100分</th><th>良
75～89分</th><th>及格
60～74分</th><th>不及格
0～59分</th></tr>
<tr><td rowspan="3">(一)知识与技能目标</td><td>1. 对所学新闻专稿播音理论知识进行回顾，总结。</td><td>理论测验</td><td>1. 准确说出新闻专稿及人物通讯、事件通讯、风貌通讯的定义、特点、备稿方法、播音要求。</td><td>10</td><td colspan="4"></td></tr>
<tr><td>2. 挑选不同类型的例稿进行播音。</td><td>技能训练</td><td>2. 掌握人物通讯、事件通讯、风貌通讯播音的特征、播音要求与技巧；
3. 播报语音规范、表达流畅；
4. 播报叙事清晰、新鲜感强；
5. 节目编排合理、主题突出。</td><td>20</td><td colspan="4"></td></tr>
<tr><td>3. 以小组为单位，策划一档新闻专稿节目，并采访、撰稿、编辑、播音、制作成节目成品。</td><td>作品评审</td><td>6. 能够运用新闻专稿播音的备稿方法进行播报前的准备；
7. 能够根据人物通讯、事件通讯、风貌通讯的播音要求进行播音；
8. 策划、文稿、稿签齐全；
9. 节目导向正确，主题突出；
10. 语音规范、表达流畅，节目编排合理、制作精良。</td><td>50</td><td colspan="4"></td></tr>
<tr><td>(二)过程与方法目标</td><td>4. 合作完成节目成品的过程表现。</td><td rowspan="2">综合评价</td><td>1. 能够获取、搜集、整理信息，甄选有价值信息；
2. 能够制定、实施工作计划；
3. 能够分析、发现、解决问题；
4. 具有理论知识的运用能力；
5. 能及时完成工作任务。</td><td>10</td><td colspan="4"></td></tr>
<tr><td>(三)情感、态度、价值观目标</td><td>5. 出勤纪律、工作态度。
(违反第一条，10分全无)</td><td>1. 遵守工作纪律，自我约束力强，不迟到、早退、旷课；
2. 有职业道德与社会责任感；
3. 有较强的新闻敏感性，有一定的新闻工作者人文关怀意识；
4. 语言沟通能力、组织协调能力强，能够与团队成员团结协作，共同完成工作任务；
5. 能够实事求是完成工作评价，给出合理分值。</td><td>10</td><td colspan="4"></td></tr>
<tr><td colspan="9">自我评分(20%　) + 小组评分(30%) + 教师评分(50%) /总分：</td></tr>
<tr><td>改进建议</td><td colspan="8"></td></tr>
</table>

附录

附录1　终结考核表

<table>
<tr><th rowspan="2">考核模块</th><th rowspan="2">考核内容</th><th rowspan="2">考核方式</th><th rowspan="2">考　核　点</th><th rowspan="2">分值</th><th colspan="4">评　分　标　准</th></tr>
<tr><th>优
90～100分</th><th>良
75～89分</th><th>及格
60～74分</th><th>不及格
0～59分</th></tr>
<tr><td rowspan="2">(一)知识与技能目标</td><td>(一)有稿播音考核内容:
1. 自备一档新闻(视频)节目,限时6分钟。
2. 新闻节目素材为原创,采、编、播、制均独立完成。</td><td rowspan="2">新闻播音作品技能竞赛、成果展示</td><td>(一)语音面貌
1. 吐字清晰、音色圆润;
2. 语音标准、语法规范。
(二)形象气质
3. 形象端庄、大方,仪态仪表得体符合职业规范。
(三)新闻播报
4. 导向正确,基调准确;
5. 语体运用恰当;
6. 主题鲜明、叙事清晰、新鲜感强;
7. 播报状态积极,对象感强、与受众交流亲切自如;
8. 停连、重音、语气、节奏表达技巧运用得当。
(四)新闻采编
9. 策划精细、导向正确、主题鲜明;
10. 信息量适中,符合时效性、贴近性;编排合理;
11. 节目完整、声画结合、制作精良。
12. 节目有一定创意、创新性。</td><td rowspan="2">90</td><td rowspan="2"></td><td rowspan="2"></td><td rowspan="2"></td><td rowspan="2"></td></tr>
<tr><td>(二)无稿表达考核
考核重点:
1. 即兴答题(现场抽题,限时3分钟):
机智问答＋妙语连珠
2. 即兴评述:
现场抽题看片,对某一新闻事件进行即兴评述;限时3分钟。</td><td>(五)即兴表达
13. 导向正确,态度鲜明、有思想性;
14. 语言规范,思路清晰,逻辑性强,符合新闻语体表达要求;
15. 内容充实,言之有物;
16. 表达流畅,交流感强;
17. 反应敏捷,富有个性;
18. 节目定位准确、完整、时长恰当。</td></tr>
</table>

（二）过程与方法目标	联系实际写一份《××学期个人学习、工作述职报告》（不少于1000字）（重点考察过程与方法能力）	综合评价	1. 能够获取、搜集、整理信息，甄选有价值信息； 2. 能够制定、实施工作计划； 3. 能够分析、发现、解决问题； 4. 具有理论知识的运用能力； 5. 能及时完成工作任务。	5	
（三）情感、态度、价值观目标	在学习小组公开述职（重点考察情感、态度、价值观能力）		1. 有职业道德与社会责任感； 2. 有较强的新闻敏感性，有一定的新闻工作者人文关怀意识； 3. 遵守工作纪律，有较强的自我约束能力不迟到、不早退； 4. 语言沟通能力、组织协调能力强，能够与团队成员团结协作，共同完成工作任务； 5. 能够实事求是完成工作评价，给出合理分值。	5	
学习小组（20% ）+专业教师（30%）+行业专家（50%）/总分：					
改进建议					

附录 2　课程考核评价方式

<table>
<tr><th>考核项目</th><th>考核内容</th><th>考核方法</th><th>权重(%)</th></tr>
<tr><td rowspan="3">终结考核</td><td>专业知识与技能</td><td>主要根据学生参加节目主持大赛成绩优劣，通过学生自评、媒体专家、专业教师评价相结合的方式评定成绩。</td><td rowspan="3">30</td></tr>
<tr><td>过程与方法</td><td rowspan="2">主要根据学生进行学期工作述职的成绩优劣，通过学生自评、小组互评、教师评价相结合的方式评定成绩。</td></tr>
<tr><td>情感与态度</td></tr>
<tr><td rowspan="3">过程考核</td><td>专业知识与技能</td><td>主要根据学习过程中随堂问答、课堂训练、学生采编播、制作的主持实训作品优劣，通过自评、小组互评、教师评价相结合的方式评定成绩。</td><td rowspan="3">70</td></tr>
<tr><td>过程与方法</td><td>主要根据学习过程中，学生获取信息的能力、资料搜集整理的能力、制定、实施工作计划的能力、理论知识的运用能力、独立分析问题的能力的高低评定成绩。</td></tr>
<tr><td>情感与态度</td><td>主要根据学习过程中，学生具备责任心与职业道德、语言沟通、团队合作、组织协调能力的高低评定成绩。</td></tr>
<tr><td>成绩换算公式</td><td colspan="3">过程考核平均成绩__________×70% ＋ 终结考核成绩__________×30% ＝ 课程考核总成绩__________</td></tr>
<tr><td colspan="4">考核说明：
1. 参加全国、省、市广播电视播音主持竞赛、选拔活动获奖者视获奖名次酌情给予 3～5 分考核加分；
2. 参加院级主持播音职业技能大赛获奖者视获奖名次酌情给予 1～3 分考核加分。</td></tr>
</table>

参考文献

[1]张颂. 中国播音学. 北京广播学院出版社. 2003(1).

[2]张颂. 播音创作基础(第三版). 中国传媒大学出版社. 2011(4).

[3]张颂. 朗读学. 中国传媒大学出版社. 2009(10).

[4]赵俐, 李昕. 实用口语表达与播音主持. 中国传媒大学出版社. 2011(1).

[5]陈雅丽. 实用播音教程(第3册): 广播播音与主持. 中国传媒大学出版社. 2002.

[6]罗莉. 当代电视播音主持教程. 中国传媒大学出版社. 2011(10).

[7]仲梓源. 口头评述·模拟主持. 中国传媒大学出版社. 2011(5).

[8]沈鹏飞, 沈健. 播音文体基础教程. 中国传媒大学出版社. 2008(5).

[9]叶子. 电视新闻节目研究. 北京师范大学出版社. 1999.

[10]吴郁. 当代广播电视播音主持. 复旦大学出版社. 2008.

[11]孙宝国. 中国电视新闻节目形态研究. 北京广播学院出版社. 2001.